VERLIEBT IN MEIN ZUHAUSE
REDESIGN

IRIS HOUGHTON

VERLIEBT IN MEIN ZUHAUSE
REDESIGN

EINFACH NEU GESTALTEN MIT VORHANDENEN MÖBELN UND ACCESSOIRES

INHALTSVERZEICHNIS

Seite	7	**EINFÜHRUNG**
		Redesign? Die Idee dahinter und was es in Ihren Wohnräumen verändern kann
Seite	9	**VOM ERSTEN SCHRITT BIS ZUM ZIEL:**
		Wie dieses Buch am besten angewendet wird!
Seite	10	**IN 6 SCHRITTEN ZUM WOHLFÜHLRAUM**
		Was Redesign mit Anziehen zu tun hat
Seite	12	**SCHRITT 1: DIE BEWOHNER UND IHRE BEDÜRFNISSE**
	12	Alles beginnt mit dem ersten Schritt…
	12	Die Bedarfs-Analyse
Seite	20	**SCHRITT 2: DER RAUM**
	20	Alles anders?
	20	Die Raumfunktion
	23	Der Raum unter der Lupe
	25	Bilder & Co.
	26	Nur frischer Wind gewünscht? Redesign ohne Möbelrücken
	27	Erst einmal alles raus. Effektives Ausräumen!
	29	Analyse des leeren Raumes
	30	Checkliste für den leeren Raum
Seite	34	**SCHRITT 3: DIE MÖBEL**
	34	Die praktische Vorbereitung – Hilfe willkommen
	35	Die Planung
	36	1. Funktionalität
	38	2. Komfort
	40	3. Ein schöner Raum – gerne auch mit dem WOW-Faktor
	44	Fehlende Möbel & Co.: Shoppen im eignen Haus!
	47	Das Aufstellen der Möbel
	47	1. Die richtige Reihenfolge!
	47	2. Fokuspunkte! Was ist das und warum sind sie wichtig?
	51	3. Die Verteilung der Möbel: Die Balance macht es!
	55	Wie stelle ich meine Sitzgruppe im Wohnzimmer auf?
	56	Spezielle Tipps zum Möblieren von mehr als einer Hauptfunktion in einem Raum
	57	Spezielle Tipps für kleine Räume mit mehr als einer Funktion
	58	Spezielle Tipps für Essplätze
	61	Spezielle Tipps für Schlafzimmer
	62	4. Raumlinien & Sichtachsen
	66	5. Kleine Möbel
	67	6. Eckig und rund
	70	7. Zimmerpflanzen
	72	8. Teppiche
	77	Teppiche in Wohnzimmern
	80	Teppiche in Schlafzimmern
	81	Teppiche im Flur und Eingangsbereich
	82	9. Licht: Lampen & Co.

Seite	91	**SCHRITT 4: FARBEN, FÜHLEN, HÖREN**
	91	FARBEN
	91	Die Basis
	93	1. Die Wirkung von Farben im Allgemeinen
	94	Warme und kalte Farben
	95	Neutrale Farben
	95	Welche Farben eignen sich für welche Wohnbereiche?
	98	Was ist ein harmonisches Farbschema und wie wird es erstellt?
	100	Das monochrome Farbschema
	102	Das komplementäre Farbschema
	103	Das gesplittete Farbschema
	104	Das verbundene Farbschema
	106	Das neutrale Farbschema
	111	Die Farbverteilung: 60-30-10
	112	Die Farbintensitäten
	113	Farbe und Licht
	115	FÜHLEN
	115	Materialmix? Na klar!
	121	Stilbruch, warum nicht?
	124	HÖREN UND WOHLFÜHLEN: AKUSTIK!
Seite	129	**SCHRITT 5: DIE WÄNDE**
	130	Es müssen nicht immer nur Bilder sein
	141	Spezielle Tipps für das Aufhängen von Gruppierungen an Wänden
	144	Spieglein, Spieglein an der Wand…
Seite	146	**SCHRITT 6: DIE DEKORATION**
	146	Der Schmuck der Räume
	156	Einrichtungstipps nach Raumform
	156	Rechteckige, längliche Räume
	163	Quadratische Räume
	167	Spezialfall Räume in L-Form
	171	Spezialfall kleine Räume
	177	Spezialfall Dachzimmer
Seite	181	**FALL-BEISPIEL**
	181	Der Raumtausch – von Wiebke Rieck
Seite	190	**HOMEOFFICE**
	192	Zunächst die Basis: der Ort für den Arbeitsplatz
	195	Arbeiten im Wohnzimmer
	197	Arbeiten im Schlafzimmer
	198	Arbeiten im Gästezimmer
	200	Arbeiten im Flur oder einem Durchgangsbereich
	201	Richtig gut sehen: Licht!
	201	Zoom & Co.: Licht bei Webkonferenzen
	202	Styling-Ideen für den persönlichen Wohlfühl- und WOW-Faktor
Seite	204	**BEI DEN EXPERTEN NACHGEFRAGT**
Seite	207	**ZUM WEITERLESEN & DANKE!**

EINFÜHRUNG

REDESIGN?

Die Idee dahinter und was es in Ihren Wohnräumen verändern kann

REDESIGN: Als ich den Begriff vor einigen Jahren das erste Mal hörte, dachte auch ich: Was ist denn das? Die Definition „etwas auf eine andere Art wieder neu zu präsentieren oder es erneut zu designen, traf mich dann sofort ins Herz und ich war begeistert! Genau das ist es doch, was ich als Home Stager tue, wenn mich begeisterte Kunden bitten, ihnen auch bei der Einrichtung ihrer Wohnräume zu helfen.

Mein erstes Ziel bei Raumgestaltungen ist immer möglichst viel von dem zu nutzen, was schon vorhanden ist. Ich liebe es Dinge wieder zu verwenden und ihnen eine neue Bühne zu geben. Das ist nicht nur äußerst budget- und umweltfreundlich, sondern zeigt vor allem auch die Geschichte und Persönlichkeit der Bewohner – und macht so jeden Raum zu einem wahren Original. Es gab schließlich einen Grund, warum Sie diese Dinge einmal gekauft haben, vor allem aber auch warum besonders Ihre Favoriten Sie durch viele Jahre begleitet haben.

Ich habe die Erfahrung gemacht, dass viele Menschen nicht „alles neu" haben wollen, sondern vor allem Wert auf Räume legen, die gut funktionieren, sich gut anfühlen, und schön sollen sie natürlich auch sein. Klar, wir Menschen wollen auf unser Zuhause schließlich auch stolz sein. Und dazu müssen vorhandene Dinge eben oft einfach nur neu arrangiert werden.

Ich zeige Ihnen in diesem Praxis-Ratgeber, wie Sie in 6 einfachen Schritten Ihre persönliche Wohlfühloase kreieren können und dass ohne große Neuanschaffungen. Interior Redesign ist sogenanntes „No-cost-no-risk-decorating" – also Dekorieren ohne Risiko. Denn was kann ohne zusätzliche Kosten eigentlich passieren? Einzig, dass Sie alles wieder dahin räumen, wo es vorher schon war.

Worauf warten Sie also? Es macht Spaß und ein Zuhause, das Sie wirklich lieben, ist das beste Geschenk, welches Sie sich selber machen können.

Viel Spaß beim Neugestalten Ihrer Lieblingsräume und -plätze. Ich würde mich freuen, wenn Sie diese mit mir teilen. Senden Sie mir einfach ein Foto an: redesignbuch@blottner.de

Herzlichst Ihre
Iris Houghton

HOME

VOM ERSTEN SCHRITT BIS ZUM ZIEL:
Wie dieses Buch am besten angewendet wird!

Ich empfehle Ihnen, dieses Buch einmal komplett von vorne bis hinten zu lesen.

Ich habe den Prozess eines Redesign Projektes in 6 Schritte aufgeteilt, die aufeinander aufbauen. Um den bestmöglichen Effekt zu erzielen, sollte jeder dieser Schritte durchlaufen werden, und zwar genau in der vorgegebenen Reihenfolge. Erst wenn ein Schritt abgeschlossen ist, beginnt der nächste.

Begleitet wird jeder Schritt von Tipps und Checklisten, die Ihnen bei der praktischen Umsetzung helfen.

Sollten Sie mit Ihren Räumen im Großen und Ganzen zufrieden sein und sich einfach nur „frischen Wind" wünschen, empfehle ich Ihnen besonders die Kapitel über Wände, Farbe und Deko. Oft entstehen alleine durch neue Farben oder ein neues Thema die gewünschten Veränderungen. Aber: Widerstehen Sie der Versuchung dafür einzukaufen. Versuchen Sie einmal den „neuen Raum" ausschließlich mit dem zu gestalten, was Sie schon haben. Ich bin überzeugt, dass es nicht nur klappt, sondern sich so noch besser anfühlt.

Wenn aber ein Raum für Sie und Ihre Familie „irgendwie nicht richtig funktioniert" oder dieser nicht viel genutzt wird, „obwohl er doch eigentlich schön ist" etc., empfehle ich Ihnen dieses Buch Seite für Seite durchzuarbeiten. Den bestmöglichen Effekt bekommen Sie, wenn Sie alle Schritte von Anfang bis Ende durchlaufen.

Ich wünsche Ihnen schon jetzt viel Erfolg und jede Menge Spaß bei Ihren Projekten.

IN 6 SCHRITTEN ZUM WOHLFÜHLRAUM
Was Redesign mit Anziehen zu tun hat

Der Psychologe und Professor für Architekturkommunikation, Riklef Rambow, sagte einmal: „Es geht nicht um Geschmack, sondern um Stimmigkeit. Es gibt Menschen, die können sich „unmöglich" kleiden, aber es ist einfach stimmig. Es fällt einem auf, aber es stört nicht."

Dieser Meinung bin ich auch! Ist es nicht so, dass eigentlich die Kombination von Dingen den Eindruck bestimmt und weniger die einzelnen Stücke? Ein schönes Schmuckstück oder ein Gürtel, kann durch die dazu kombinierte Kleidung entweder so richtig erstrahlen oder in einem Mischmasch in der Wirkung fast untergehen. Dieselbe Kleidung kann je nach Anlass entweder passend und praktisch sein oder unangemessen. Denken Sie z. B. an eine sportliche Jacke und Schuhe, die für eine Aktivität im Freien wunderbar funktionieren und sogar schick wirken, in einem edlen Restaurant am Abend aber nicht.

Ähnlich ist es mit Möbeln und Dekorationsgegenständen in Ihrem Haus. Diese passen in bestimmten Räumen durch ihre Größe, Material oder Farbe perfekt, würden aber in anderen Räumen, oder auch nur in einer anderen Kombination, nicht funktionieren.

Wir müssen also, wie bei der Kleidung, zunächst einmal wissen, was unser Raum für uns „tun" sollte. Welche Funktion(en) soll er erfüllen? Für wen? Und wann? Indem wir unsere Einrichtung unseren Bedürfnissen anpassen, erstellen wir Räume die wir gerne nutzen.

Stellen Sie sich z. B. ein Wohnzimmer vor, in dem die momentane Möbelpositionierung allein zum Fernsehen einlädt. Unterhaltungen werden in so einem Raum kaum stattfinden. Redefreudige Familienmitglieder ziehen sich wahrscheinlich lieber zu Freunden zurück.

Und wie sieht es mit dem Ambiente in diesem imaginären Wohnzimmer aus? Passt es zu der ungezwungenen Art, mit der Sie in Ihrer Familie miteinander umgehen oder hat es eher einen repräsentativen, formellen Charakter und alle halten sich daher am liebsten in der Küche auf und das Wohnzimmer hat dadurch eher Museumscharakter?

Sie merken also, dass ähnlich wie bei der Kleidung, die Basisentscheidungen wie z. B. Ruhe oder Kommunikation, fröhlich oder förmlich etc. zuerst überlegt und dann getroffen werden müssen. Wenn wir wissen was wir wollen, wählen wir bewusst Dinge, die uns im Ganzen zu unserem Wunschraum bringen. Und der ist dann mit Sicherheit auch stimmig.

DIE BEWOHNER
und ihre Bedürfnisse

SCHRITT 1
DIE BEWOHNER UND IHRE BEDÜRFNISSE

Alles beginnt mit dem ersten Schritt...

Bevor Sie nun die Ärmel hochkrempeln und mit dem Möbelrücken beginnen, sollten Sie sich, wie bereits beschrieben, zunächst überlegen was der Raum eigentlich für Sie – und natürlich für alle anderen Nutzer – leisten sollte.

Warum ist das so wichtig? Sie kennen sicher wunderschöne Räume aus Zeitschriften, Büchern oder auch von Freunden, die Sie zwar als schön empfinden, beim Betrachten aber sofort denken: „Hier könnte ich nicht wohnen." Warum ist das so? Nicht nur Geschmäcker sind bekanntlich verschieden, sondern vor allem auch Lebensweisen. Jeder Mensch darf nicht nur, sondern sollte auch genau so leben können, wie er möchte. Denn unser Zuhause ist der Rückzugsort, in dem wir ganz wir selbst sein können, unsere Batterien wieder aufladen, unsere Interessen ausleben können, wo wir mit den Menschen zusammen sind und kommunizieren, die uns am nächsten sind.

Bei Ihrer Raumgestaltung muss also die Entscheidung, was Sie eigentlich von Ihrem Raum wollen, zwangsweise der erste Schritt sein. Diese Entscheidung kann daher auf keinen Fall übersprungen werden.

Nun fragen Sie sich vielleicht, wie Sie am besten herausfinden, was Ihre Bedürfnisse eigentlich sind. Meine Erfahrung zeigt, dass diese Frage oft gar nicht so schnell beantwortet werden kann. Und wenn dann noch Mitbewohner ins Spiel kommen, wird es richtig spannend.

Um Ihnen hier zu helfen, habe ich eine Reihe von Fragen aufgelistet, die Ihnen dabei helfen sollen, Ihren Wohnbedürfnissen auf die Spur zu kommen. Ich nenne diese Zusammenstellung:

Die Bedarfs-Analyse

Die hier aufgelisteten Fragen werden Ihnen helfen den Raum selbst, und das was er erfüllen soll, mit frischem Blick anzusehen. Das ist wichtig, denn wir alle werden in Räumen schnell betriebsblind und nehmen bestimmte Dinge nicht mehr bewusst wahr. Um einen Raum neu zu gestalten ist es daher extrem hilfreich, einmal alles zu hinterfragen und zu analysieren.

Die Antworten werden Ihnen auch helfen, die Wünsche Ihrer Mitbewohner zu verstehen und Kompromisse zu finden mit denen alle gut leben können. Los geht es.

- Bitte kopieren Sie als Erstes die Listen auf den Seiten 13 bis 17.
- Machen Sie eine Kopie pro Bewohner und eine weitere zusätzliche Kopie für das Endergebnis.
- Gehen Sie die Fragen nacheinander durch und notieren Sie Ihre Antworten. Antworten Sie spontan und aus dem Bauch heraus. So schränken Sie sich erfahrungsgemäß am wenigsten ein.
- Im Idealfall sollte jeder Nutzer des Raumes die Fragen beantworten.
- Antworten Sie nicht gemeinsam, sondern vergleichen Sie erst hinterher Ihre Antworten. Das macht Spaß und Sie werden sehr wahrscheinlich überrascht sein, noch ein paar Dinge voneinander zu erfahren.

Die Fragen sind in 3 Gruppen geordnet.

1. DIE MENSCHEN:

1. Was für ein Typ Mensch sind Sie bei sich zu Hause?
   Sind Sie eher ein aktiver oder ruhiger Typ?
   Ruhig   1 2 3 4 5   Aktiv

2. Lieben Sie Trubel im Haus, mit vielen Menschen und häufig Gästen?
   Oder wünschen Sie sich eher zu Hause einen Ort der Ruhe?
   Ruhe   1 2 3 4 5   Trubel

3. Ist Ihnen wichtig, täglich gemeinsam zu essen?
   Unwichtig   1 2 3 4 5   Wichtig

4. Wünschen Sie sich Aktivitäten in der Familie, an den alle teilnehmen, z. B. einen Spieleabend?
   Unwichtig   1 2 3 4 5   Wichtig

5. Haben Sie Hobbys, die Sie zu Hause ausüben möchten?
   Nein   Ja _____

6   Wenn Sie sich zwischen Design und Komfort entscheiden müssten, was wäre Ihnen wichtiger? Praktisch oder Chic?
Komfort/Praktisch 1 2 3 4 5 Design/Chic

7   Gibt es eine Einrichtungsweise die Sie besonders mögen?
Modern, Rustikal, Minimal etc.
Nein Ja _____

8   Möchten Sie in Ihren Wohnräumen Ihre Persönlichkeit ausdrücken?
Nein 1 2 3 4 5 Ja

9   Müssen Räume repräsentativ sein und auch anderen gefallen oder geht es hauptsächlich darum, dass Sie den Raum mögen?
Hauptsache ich 1 2 3 4 5 Repräsentativ

10   Sind Sie lärmempfindlich?
Nein 1 2 3 4 5 Ja

2. DER RAUM:

11   Was ist das Schönste an diesem Raum? Der Ausblick? Die Größe? Die Helligkeit oder die Ruhe?
Das Schönste ist _____

12   Was ist das Schönste in diesem Raum?
Z. B. das Bild, die Vase, der Lieblingssessel etc.?
Das Schönste ist _____

13   Was stört Sie? Was hätten Sie gerne anders? Mehr Platz? Beim Fernsehen auf dem Sofa liegen, mehr Ruhe?
Ich wünsche mir _____

14   Welche Atmosphäre wünschen Sie sich in diesem Raum? Ruhig? Kommunikativ? Entspannt und locker? Besonderer Anlass? Feierlich?
1 Entspannt   2 Feierlich   3 Kommunikativ

15   Was haben Sie sich schon immer in diesem Raum gewünscht?
Die Möglichkeit _____ zu machen.
Oder, dass endlich _____ verschwindet.

3. DIE MENSCHEN IM RAUM:

16 Wofür sollte der Raum hauptsächlich genutzt werden?
Z. B. als Wohnzimmer, Esszimmer, Spielzimmer etc.
Als _____

17 Dient der Raum als Zentrum des Familienlebens oder
sollte er ein persönlicher Ort für eine Person sein?
Persönlicher Ort   1 2 3 4 5   Familienzentrum

18 Was für eine Stimmung wünschen Sie sich im Raum?
Wollen Sie sich darin hauptsächlich entspannen, sich inspirieren
lassen oder fröhlich mit anderen Menschen austauschen?
1 Entspannen   2 Inspirieren   3 Austausch/Feiern

19 Wer benutzt den Raum am meisten?
_____

20 Wann? Zu welcher Tageszeit?
1 Morgens   2 Mittags/Nachmittags   3 Abends   4 Ganzen Tag

21 Wird hier gearbeitet oder wird hier der Feierabend verbracht?
Feierabend   1 2 3 4 5   Arbeit

22 Gibt es mehr als eine Raumfunktion?
Zur gleichen oder zu unterschiedlichen Tageszeiten?
1 Nein   2 Ja, gleichzeitig   3 Ja, unterschiedliche Zeit

23 Wie viele Sitzgelegenheiten sind mindestens notwendig?
1 2 3 4 5 6 mehr, nämlich: _____

24 Kommt oft Besuch? Wenn ja, wie viele Personen?
Nein   1 2 3 4 5   Ja, _____ Personen

25 Zu welchen Aktivitäten? Zum Essen, Karten spielen, Unterhalten?
1 Essen   2 Unterhalten   3 gemeinsame Aktivität   4 Feiern

26 Welches Image möchte ich gegenüber meinen Gästen in diesem
Raum erzielen? Hat der Raum eine repräsentative Funktion
oder ist es ein rein privater Raum?
Privat   1 2 3 4 5   Repräsentativ

27 Gibt es Pläne in der näheren Zukunft für diesen Raum?
    Wird er irgendwann umfunktioniert? Oder ändern sich die Nutzer
    des Raumes, z. B. durch einen baldigen Auszug der Kinder? Einzug
    der Eltern? Baby geplant?
    Nein Ja _____

28 Wann wäre das? Sollte diese Änderung jetzt schon mit eingeplant werden?
    Nein Ja Ab:_____

29 Gefallen Ihnen die Farben im Raum?
    Gefallen nicht   1 2 3 4 5   Gefallen

30 Wenn ja, welche besonders?
    _____

31 Wenn nein, welche überhaupt nicht?
    _____

32 Was wären Ihre Lieblings-/Wunschfarben?
    _____

33 Gibt es Materialien, die Sie besonders lieben?
    _____

34 Oder gar nicht? (Leder, Wolle, Glas, Stahl etc.)
    _____

35 Welches Möbelstück ist Ihr Lieblingsteil? Warum?
    _____

36 Was bedeutet Ihnen am wenigsten?
    _____

37 Was muss unbedingt im Raum bleiben?
    _____

38 Was sollte im Raum bleiben? Z. B. Deko, Bilder etc.
    _____

39 Gibt es in einem anderen Raum ein Möbelstück,
    das Sie gerne in diesem Raum hätten?
    Nein Ja _____

40 Wo wünschen Sie sich mehr Platz?
_____

41 Wie viel Stauraum benötigen Sie in diesem Raum? Mehr als bisher?
Nein, ist ok   1 2 3 4 5   Mehr

42 Sollten bestimmte Dinge zu sehen sein oder gezeigt werden? Bilder?
Fotos? Sammlungen? Bücher?
Nein   1 2 3 4 5   Ja _____

43 Gibt es Erinnerungsstücke, die Sie unbedingt im Raum behalten wollen?
Nein   1 2 3 4 5   Ja _____

44 Was soll das Highlight des Raumes werden?
_____

45 Ist Ihnen wichtig, dass der Raum eine Verbindung zu einem
anderen Raum hat, z. B. der Küche, dem Garten etc.
Nein   1 2 3 4 5   Ja _____

46 Fehlt irgendwo Licht?
Nein   1 2 3 4 5   Ja _____

47 Gibt es für alle gewünschten Aktivitäten genug Licht?
Kann man zum Beispiel da lesen, wo man will?
Gibt es ausreichend Licht, um die Hobbys auszuüben?
Ja   1 2 3 4 5   Nein _____

48 Welcher Platz wird immer genutzt – warum?
_____

49 Welcher Platz wird nie genutzt?
_____

50 Gibt es einen Lieblingsstil, den Sie sich für diesen Raum wünschen?
Sollte es eher elegant oder ungezwungen sein?
Ungezwungen   1 2 3 4 5   Elegant

Fertig? Prima! Ich hoffe, es hat Spaß gemacht. Gab es schon den einen oder anderen überraschenden Moment, bei dem Ihnen eine Idee für den Raum gekommen ist? Ist Ihnen schon etwas bewusst geworden, dass Ihnen für die Umgestaltung hilft?

Setzen Sie sich jetzt mit den anderen Benutzern dieses Raumes zusammen und vergleichen Sie die Wünsche der anderen mit Ihren eigenen. Wo gibt es Übereinstimmungen? Wo Unterschiede?

Um den Raum gemeinsam optimal nutzen zu können, müssen wahrscheinlich Kompromisse gefunden werden. Nehmen Sie dazu die zusätzlich kopierte Liste und tragen Sie hier die Ergebnisse aller, möglichst in unterschiedlichen Farben, zusammen. Dies wird Ihnen helfen, fair miteinander umzugehen.

Diskutieren Sie Ihre Ergebnisse. Befragen Sie sich gegenseitig, wie wichtig den einzelnen Personen bestimmte Dinge bei den unterschiedlichen Antworten sind. Markieren Sie Gemeinsamkeiten und Unterschiede in unterschiedlichen Farben.

Ich schlage hier das Ampelsystem vor:
Grün = Wir sind uns einig!
Gelb = Hier könnte ich mir einen Kompromiss vorstellen.
Rot = Dieser Punkt ist mir sehr wichtig.

Wie sieht der gemeinsame Bogen aus? Welche Farbe dominiert – Grün oder Gelb? Keine Sorge, mit den nächsten Schritten und mit den praktischen Tipps werden Sie Lösungen finden, mit denen alle leben können.

Betrachten Sie Ihr Werk, denn der erste wichtige Schritt ist geschafft und damit das Fundament zu einem neugestalteten Raum.

Haben Sie Spaß an diesen Fragen? Möchten Sie noch mehr über Ihre Wohnbedürfnisse herausfinden, dann empfehlen wir Ihnen einen kleinen Exkurs in die Wohnpsychologie mit dem Buch von Dr. Barbara Perfahl „Ein Zuhause für die Seele – in fünf Schritten zum Wohlfühl-Zuhause".

DER RAUM

SCHRITT 2

DER RAUM

Alles anders?

Weiter geht es. Schauen Sie sich nun den Raum an, den Sie umgestalten möchten. Versuchen Sie den Raum mit neuen Augen zu sehen, so als ob Sie gerade erst einziehen, und stellen Sie alles infrage.

Die Raumfunktion

Alles infrage zu stellen, bedeutet auch die bisherige Raumfunktion genau zu hinterfragen. Mal angenommen es geht um Ihr Schlafzimmer. Muss es eigentlich dort bleiben wo es ist? Oder haben Sie sich Ihr persönliches Reich schon immer mit Blick ins Grüne oder in den Hof gewünscht, weil Sie dort mit offenem Fenster schlafen könnten?

Oder haben Sie durch die Bedürfnis-Analyse festgestellt, dass Ihr Wohnzimmer momentan zu wenig genutzt wird, weil es zu weit weg ist vom restlichen Familiengeschehen und sie als gesellige Gemeinschaft das Wohnzimmer am liebsten direkt neben der Küche hätten?

Dann ist jetzt der Zeitpunkt die Räume zu wechseln. Zumindest um in Betracht zu ziehen, ob so der Wohlfühlfaktor durch einen Raumtausch deutlich gesteigert werden kann.

Endlich! Schlafen mit Blick ins Grüne.

Hier befand sich ein nicht mehr genutztes Büro, das irgendwann zum Abstellraum wurde. Die Treppe führt in ein Schlafzimmer.

Jetzt ist für den Bewohner des Schlafzimmers ein zusätzlicher Wohnbereich entstanden.

Natürlich ist mir bewusst, dass dies nicht immer einfach ist. Raumgrößen, Strom- und Wasseranschlüsse, TV Kabel usw. geben bestimmte Bedingungen vor, die uns einschränken. Trotzdem möchte ich Sie, sensibilisiert durch die Bedarfs-Analyse, an dieser Stelle noch einmal auffordern sich einfach zu fragen: Ist dies eigentlich der bestmögliche Raum für die gewünschte Funktion? Oder haben sich über die Jahre vielleicht die Bedürfnisse so geändert, dass ein Wechsel nicht nur frischen Wind, sondern auch mehr Komfort in Ihr Leben bringen würde?

Ein Kinderzimmer direkt neben dem Elternschlafzimmer war sicher sehr praktisch, als die Kinder noch ganz klein waren. Ist das heute auch noch so? Oder würde mittlerweile ein Zimmertausch, weiter weg von Computerspielen und der lauten Musik, viel Frieden und Harmonie zu Hause schaffen?

Das Ankleidezimmer war zwar eine schöne Sache...

... aber da viel Besuch über Nacht bleiben wollte, war die Umwandlung in ein Schlaf- bzw. Gästezimmer sinnvoll.

Fragen Sie sich hierzu:

Brauche ich die jetzige Funktion dieses Zimmers?
Beispiel: Brauchen wir weiterhin ein separates Esszimmer? Oder wird es deshalb so wenig genutzt, weil in der gemütlichen Küche genug Platz für alle ist? Könnte so also ein, für uns nützliches, Arbeitszimmer entstehen?

Brauche ich eine weitere Funktion?
Beispiel: Könnte nicht auch im Gästezimmer noch eine Hobbyecke für mich entstehen?

Was ist mir in meinem „neuen" Raum als Funktion wichtig?
Beispiel: Ich möchte endlich eine Leseecke oder eine Arbeitsecke!

Generationswechsel: Die Oma brauchte zu Lebzeiten ein Schlafzimmer im Erdgeschoss.

Jetzt entstand aus dem Raum neben der Küche ein zusätzliches Wohnzimmer.

Ich wünsche mir endlich eine Leseecke am Fenster

TIPP
Idealerweise sollte ein Teenagerzimmer nicht neben dem Elternschlafzimmer liegen. Der Wunsch nach einem ganz eigenen Bereich und Privatsphäre ist in diesen Jahren besonders groß. Es kann viel Ärger vermieden werden, wenn diese Bedürfnisse in der Raumaufteilung eingeplant werden.

Der Raum unter der Lupe

Nachdem Sie auch diese wichtigen Fragen geklärt haben, nehmen Sie nun den Raum selbst genau unter die Lupe.

Wie Sie vielleicht bemerkt haben, werden wir alle sehr schnell betriebsblind und sehen bestimmte Raumsituationen, wie z. B. die Position der Möbel, als gegeben an. Deshalb ist es notwendig, uns den Raum nicht nur völlig leer vorzustellen, sondern ihn auch in der Realität leer zu erleben. Dazu räumen wir den Raum zuerst einmal (wenn möglich) komplett aus.

So wie die Schränke ursprünglich standen, hatte man beim Betreten des Raumes das Gefühl eingeengt und wie durch einen Tunnel in den Raum zu gehen. Die Schränke wirkten wuchtig und ein wenig bedrückend.

Fragen Sie sich gerade, ob das wirklich notwendig ist? Wohin mit dem ganzen Rauminhalt? Und der Schrank muss sowieso bleiben wo er ist. Es gibt sonst nirgendwo Platz dafür usw.

Als Profi kenne ich diese Bedenken sehr gut und Sie befinden sich mit dieser Reaktion in guter Gesellschaft. Fast alle meiner Kunden reagieren zunächst so. Warum ist es trotzdem so wichtig? Nur so können Sie das bestmögliche Resultat erzielen.
Natürlich ist es durchaus auch möglich einen Raum umzugestalten, in dem die Medien- oder Schrankwand dort bleibt, wo sie momentan steht. Die Erfahrung zeigt aber, dass sich dann sofort im Gehirn gedankliche Blockaden aufbauen.
Selbst den Profis passiert es immer wieder, dass auch sie den Raum mit ganz anderen Augen sehen, sobald dieser leer ist. Plötzlich werden Möglichkeiten offensichtlich, die vorher gedanklich nicht vorstellbar waren und die man sonst nicht erkannt hätte.

Als die Oberschränke nicht mehr im Raum waren, fühlte sich der Raum sofort wesentlich größer an. Obwohl die hinter dem Schrank vorhandenen Streifentapeten optisch fast wie ein Möbel wirkten. Hier wurde selbstverständlich gestrichen. Die Wirkung sehen Sie auf der nächsten Seite.

Dazu müssen die Möbel im Idealfall aber einmal komplett aus dem Raum. Wenn dies gar nicht möglich ist, dann schieben Sie alles, z. B. mit Hilfe von Möbelschiebern oder sogenannten Möbelhunden, in die Mitte des Raumes.

Nur wenn der Raum wirklich leer ist, können Sie sich von der bisherigen Einrichtungsform wirklich befreien und das ganze Potential des Raumes erkennen. Und wenn Sie sich schon die ganze Arbeit machen, wollen Sie sich doch sicher nicht mit wenig Veränderungen zufriedengeben, wenn eine große Veränderung möglich gewesen wäre, oder? Und wenn ein Möbelstück am Ende wieder genau dort steht wo es vorher war, dann wissen Sie auf jeden Fall, dass es seinen optimalen Platz gefunden hat.

Beim Abbauen der Schränke wurde sichtbar, dass die Unterteile unabhängig genutzt werden können. So sind sie zu tollen Abstellorten geworden.

Solange der Schrank an seinem bisherigen Platz stand, erschien der einzige Ort für das Bett gegenüber dem Fenster. Nach dem Ausräumen wurden auch andere Möglichkeiten sichtbar.

> **TIPP**
> Mittels Möbelschieber, Möbelgleiter, Möbelhunden und Möbelheber können Sie Möbel ohne große Kraftaufwendung aus und im Raum bewegen.

Bilder & Co.

Nicht nur die Möbel müssen aus dem Raum, sondern auch alle Bilder, Spiegel und sonstige Wandbehänge. Auch dann, wenn Sie der Meinung sind, dass ein Bild schon den absolut perfekten Ort gefunden hat, und Sie dieses Bild auf jeden Fall wieder dort aufhängen werden, ist dies für die Gestaltung enorm wichtig. Sie werden staunen, was für eine riesige Wirkung ein einziges Bild an der Wand haben kann.

> **TIPP**
> Testen Sie den Effekt ganz einfach: Nehmen Sie als ersten Schritt sämtliche Bilder und Dinge von den Wänden. Machen Sie Fotos vom leeren Raum und von jedem weiteren Schritt. Wie hat sich der Raum durch die Bilder verändert?

Mit Dekoration und...   *... ohne Dekoration an den Wänden.*

Nur ein Bild und trotzdem wirkt der Raum anders, oder? Merken Sie, dass Ihnen die Wand mit dem Bild näher vorkommt?

Nur frischer Wind gewünscht? Redesign ohne Möbelrücken

Sind Sie mit Ihrer Raumaufteilung eigentlich zufrieden? Möchten Sie nur umdekorieren, also „frischen Wind" in den Raum bringen? Kein Problem. Dann lassen Sie die großen Möbelteile an der Stelle im Raum stehen.

Der Rest, wie z. B. die Wandbehänge, die Deko, alles Sichtbare in Schränken, Teppiche, Gardinen, Kissen, Pflanzen, Lampen und kleine Möbel wie Beistelltische, der Couchtisch müssen trotzdem aus dem Raum. Sie werden erstaunt sein, wie sehr sich der Raum alleine dadurch verändert.

Auch der Teppich beeinflusst das Raumgefühl stark.

Mit dem so geschaffenen neutralen Rahmen und ausgestattet mit dem Ergebnis Ihrer Bedarfs-Analyse werden Sie völlig neue Gestaltungsmöglichkeiten entdecken, Ideen haben – und sich so kreativ fühlen wie noch nie.

Also: Ärmel hochkrempeln, es geht los…

Hier wurde Erstaunliches mit wenigen Mitteln erreicht: Ein neuer Sofabezug, eine Vase, Kissen, Gardinen, ein Bild, der Teppich (der dunkle Teppich und das Bild wurden in einem anderen Raum wiederverwendet) – alles andere ist geblieben.

Erst einmal alles raus. Effektives Ausräumen!

Sie sind bereit und fragen sich sicher:
Alles raus? Wie räume ich möglichst effektiv und schnell einen Raum aus?

Ich habe Ihnen hierzu eine Liste zusammengestellt, mit der sich meiner Erfahrung nach effektiv und optimal arbeiten lässt:

So einfach gelingt das Ausräumen Ihres Raumes:

1. **Finden Sie einem möglichst angrenzenden Raum, in dem Sie eine freie Fläche schaffen können,** die Ihnen während des Redesign als Lagerfläche dient. Wichtig ist, beim späteren Dekorieren zu lange Laufwege zu vermeiden. Die Lagerfläche kann aufgeteilt sein in zwei Bereiche, z. B. einen Flurbereich für die Möbel und das Schlafzimmer oder das Esszimmer, um die Wandbehänge und Dekorationen kurzfristig abzustellen.

2. **Räumen Sie alle wertvollen und zerbrechlichen Dinge aus dem Zimmer** und bewahren diese sicher auf.

3. **Sammeln Sie alle Dekorationen und Gegenstände von den Oberflächen und aus Schränken, in denen diese sichtbar sind,** wie z. B. hinter einer Glastür. Diese Gegenstände gelten als Deko und müssen ausgeräumt werden.

4. **Gruppieren Sie diese sofort während des Ausräumens in sogenannte Themen,** z. B. alle Deko mit Tier- oder Blumenmotiven, alle Teile aus Holz/Metall etc., alle Kissen, alle Kerzenständer, Kristall zu Kristall, Geschirr zu Geschirr etc. Alternativ können die Dinge auch farblich geordnet werden.

5. **Kleine Teile lassen sich am besten auf Tabletts, in offenen Kisten oder großen Plastikdosen transportieren.**

 Achten Sie darauf, ob es Gegenstände im Raum gibt die sich später als Wanddeko eignen würden, wie z. B. ein Urlaubsmitbringsel, ein Kinderkleidungsstück das eingerahmt wird etc.

6. **Tragen Sie alle Lampen aus dem Raum** und lagern diese zusammen an einer Stelle.
7. **Entfernen Sie sämtliche Wanddeko** und ordnen Sie diese an einer Wand entlang so an, dass Sie alles gut sehen können.
8. **Räumen Sie die kleinen Möbelstücke aus dem Raum.**
9. **Rollen Sie die Teppiche auf** und lehnen Sie diese nach Größe und Farbe sichtbar an eine Wand.
10. **Inspizieren Sie Ihre technischen Installierungen,** wie z. B. Fernseh- oder Musikanlagen mit fest installierten Lautsprechern etc. Hätten Sie diese gerne woanders? Oder sind die bisherigen Vorrichtungen nur so aufwendig zu ändern, dass diese an einem Ort bleiben müssen?

TIPP Lassen Sie sich hier nicht sofort entmutigen. Wenn technische Einbauten sich an einem Ort befinden, den Sie idealerweise gerne anders nutzen würden, ist Ihr täglicher Wohlfühlfaktor es wert, ein wenig Geld für eine Neuinstallierung zu investieren.

Wunderbar! Sie haben es fast geschafft.
Jetzt geht es an die großen Möbelstücke.

11. **Räumen Sie die großen Möbel, wenn machbar, aus dem Raum.** Wenn dies unmöglich ist, schieben Sie zumindest alles in die Mitte. Es ist den Aufwand wert!

TIPP Wie bereits beschrieben, helfen hier sogenannte Möbelgleiter, Möbelheber und Möbelhunde. Wenn Sie mehrere Sets davon haben, können Sie diese eventuell direkt unter den Möbelstücken lassen und so bei der Neuplatzierung die Möbel leicht an verschiedenen Orten ausprobieren. Achten Sie auf die Qualität und die Oberflächen auf denen die Schiebehilfen angewendet werden. So vermeiden Sie mögliche Schäden wie Kratzer etc.

12. **Nehmen Sie alle Regale ab.**

Und zum Schluß: Analysieren Sie nun die ausgeräumten Dinge:

- Gibt es Gegenstände die Sie stören oder die Ihnen nicht mehr gefallen? Dann bringen Sie diese Dinge an einen anderen Platz – oder trennen Sie sich endgültig davon.
- Gibt es Gegenstände aus einem anderen Raum, die Sie gerne mit einplanen würden? Dann holen Sie diese jetzt und stellen sie zu ihrem Kurzzeit-Lager dazu.

Analyse des leeren Raumes

Das wäre geschafft. Sie haben sich eine Pause verdient. Nehmen Sie sich Zeit und genießen Sie das Ergebnis. Wann haben Sie den Raum zuletzt so erlebt? Wie fühlt sich der Raum an? Sind Sie überrascht über die Größe? Wirkt er kleiner oder größer als gedacht? Hat er vielleicht sogar eine andere Form? Wenn Sie im Raum stehen, wo zieht es Sie automatisch hin?

Bitte stellen Sie sich dazu auch einmal in den Türrahmen. Wenn Sie im Türrahmen stehen, wohin wandert Ihr Blick?

Notieren Sie sich auf einem Zettel, wohin Sie, im Türrahmen stehend, als erstes geschaut haben. Dies ist der natürliche Fokuspunkt des Raumes.

Was war es? Etwa ein toller Ausblick in den schönen Garten? Ein Kamin oder eine tolle Zimmerdecke?

Oder sind Ihnen, statt schöner Dinge, auch Sachen aufgefallen, die Sie zukünftig nicht mehr im Fokus haben möchten, wie z. B. eine Heizung etc.?

Wohin geht der Blick zuerst? Auf den Kamin, die Decke oder die Heizung?

Schreiben Sie eine Liste mit allem was Ihnen aufgefallen ist. Notieren Sie insbesondere die folgenden Dinge:

- den natürlichen Fokuspunkt, also der Punkt, zu dem Ihr Auge im leeren Raum gewandert ist,
- die schönen Dinge, die Sie im Raum betonen wollen, z. B. den Ausblick, den Kamin oder die Decke.

Checkliste für den leeren Raum:

Nehmen Sie jetzt einmal bewusst die Dinge im Raum wahr, die Sie aufgrund der baulichen Gegebenheiten nicht leicht verändern können:

1. **Die Lage und Maße der Wandflächen:**
   Wo könnten die großen Möbel platziert werden?

   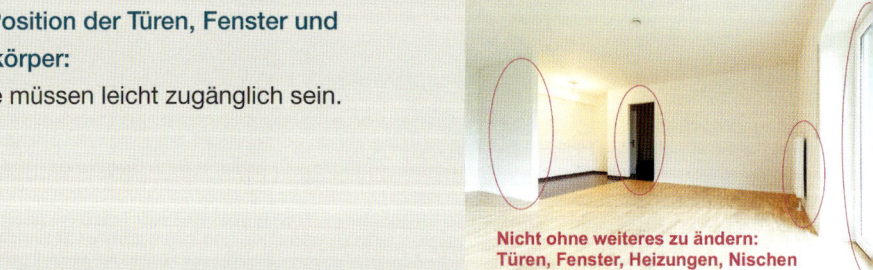
   **Wie gross sind die Wände?
   Wo können grosse Möbel stehen?**

2. **Die Position der Türen, Fenster und Heizkörper:**
   Diese müssen leicht zugänglich sein.

   **Nicht ohne weiteres zu ändern:
   Türen, Fenster, Heizungen, Nischen**

3. **Die Laufwege:**
   Welche Wege müssen frei bleiben?

   Laufwege frei halten

4. **Die angrenzenden Räume:**
Welche Funktionen haben sie?
Gibt es logische Zusammenhänge die beachtet werden sollten, wie z. B. ein Essbereich in der Nähe der Küche usw.?

Funktion der angrenzenden Räume bedenken

5. **Die Ausgänge:**
Gibt es Türen die nach außen verbinden?

Ein- & Ausgänge beachten

6. **Die Fenster und Aussicht:**
Sie müssen so freigehalten werden, dass sie leicht bedient werden können. Sehen Sie etwas Schönes, wenn Sie aus den Fenstern schauen?

Ausblick frei lassen

7. **Die Raumgröße:**
Könnten hier mehrere Funktionen entstehen?

8. **Der Boden:**
Gibt es vorhandene unterschiedliche Bodenbeläge, die den Raum in Bereiche trennen?

Bodenbeläge: Sind sie einheitlich? Teilen sie den Raum?

9. **Die Raumlinien:**
Gibt es natürliche Bereiche, die durch Einbauten wie Erker, Wandvorsprünge mit Stützen oder auch durch Türen, Fenster und Fensterhöhen vorgegeben werden?

Hier zieht das Wandstück eine Raumlinie bis zum Fenster und bildet so einen natürlichen Bereich. Auch die Nische hinten links bildet eine Raumlinie. Teilen diese „Linien im Raum" den Raum vielleicht unsichtbar in verschiedene Bereiche auf?

Raumlinien unterteilen den Raum in Bereiche

10. **Nischen:**
    Gibt es Nischen, die sich für zusätzliche Funktionen anbieten?

Nischen für weitere Funktionen

Der Platz unter der Treppe bietet sich gut für eine weitere Funktion wie den Essplatz an.

Dinge die Sie ändern können sind:

- die bisherige Raumnutzung,
- elektrische Anschlüsse,
- Bodenbeläge,
- die Wandgestaltung (wie Bilder und Regale).

Fertig! Alle bisherigen Aktivitäten haben Ihnen geholfen den Raum mit neutralen Augen zu sehen. Haben Sie vielleicht schon die eine oder andere neue Einrichtungsmöglichkeit entdeckt?

DIE MÖBEL

SCHRITT 3
DIE MÖBEL

Nachdem Sie Ihren Raum nach den Redesign-Prinzipien analysiert haben, können Sie mit dem 3. Schritt starten: der Möbelplatzierung.

Auch in dieser Phase ist eine gute Planung unverzichtbar. Beginnen Sie mit der praktischen Vorbereitung.

Die praktische Vorbereitung – Hilfe willkommen

Um den bestmöglichen Ort für die Möbel zu finden, brauchen Sie eine Person die Sie unterstützen kann. Ich empfehle Ihnen hierzu eine gute Freundin oder guten Freund, auf jeden Fall aber jemanden der geduldig ist, kreativ, gerne lacht, und Ihnen ohne Umwege ehrlich und gerade heraus die Meinung sagt. Denn idealerweise sollten die „helfenden Hände" nicht nur beim Tragen, Schieben und Aufhängen assistieren, sondern auch durch eine gewisse Objektivität hilfreich sein.

Eines der schwierigsten Dinge bei einem „Do it yourself"-Redesign ist immer, dass Sie emotional stark mit Ihren Dingen verbunden sind. Warten Sie deshalb während der Umgestaltung nicht auf Ideen von der helfenden Person. Laden Sie ausdrücklich dazu ein, Vorschläge zu machen, fragen Sie sie nach ihrer Meinung. Sie beide sind ein Team und es hilft, wenn der andere einfach einmal die Frage stellt, ob denn wirklich noch ein weiteres Schränkchen oder ein weiterer Sessel benötigt wird.

Eine Person, der Sie vertrauen und mit der Sie sich während des Prozesses austauschen können, ist von unschätzbarem Wert für Sie. Ein Austausch mit ihr wird Ihnen neue Ideen geben. Ich nenne es den „kreativen Multipliziereffekt". Wenn Sie alleine nicht weiterwissen, hat Ihre „Hilfsperson" oft eine Idee, aus der Sie dann wieder eine weitere entwickeln können. Am Ende kommen Sie so gemeinsam auf Lösungen, auf die Sie alleine nicht gekommen wären.

Die Planung

Die Positionierung der Möbel ist eine der grundsätzlichsten und eine der wichtigsten Entscheidungen für Ihren Raum. Vergleichen wir diese Entscheidung wieder mit der Wahl unserer Kleidung: Verschiedenste Anlässe erfordern bestimmte Kleidung. Zum Beispiel würde man zu einer feierlichen Einladung am Abend eher etwas formelles, Dunkleres tragen, eventuell sogar Abendgarderobe! Zu einem ausgelassenen Fest mit Freunde fällt die Wahl sehr wahrscheinlich auf Freizeitkleidung, die gerne auch farbenfroh sein darf.

Das Beispiel mit der Kleidung macht klar, dass Sie mit dem Aufstellen der Möbel maßgeblich sowohl die Funktion, aber auch die gewollte Stimmung mitentscheiden. Um hier eine gute Balance zu schaffen, sollten Sie unbedingt versuchen die folgenden drei Punkte in Ihre Gestaltung einzubauen.

Aller guten Dinge sind drei...

Das Ziel eines gut gestalteten Raumes beinhaltet drei Dinge, die Sie für sich erreichen müssen:

1. er funktioniert,
2. er ist komfortabel,
3. er ist schön!

ACHTUNG: Mit nur zwei von diesen drei Punkten haben Sie keinen optimalen Raum geschaffen!

1. Funktionalität

Ein Raum muss in erster Linie für seine Bewohner funktionieren.

Das hört sich eigentlich nicht schwer an, oder? Zum Essen werden ein Tisch und Stühle benötigt, im Wohnzimmer eine Sitzgruppe und im Schlafzimmer ein Bett. Im Grunde stimmt das natürlich, aber nicht jede Variante an Möbeln ist für die jeweilig gewünschte Funktion gleich gut geeignet.

Die Größe, die Anzahl, das Material und ganz besonders deren Positionierung tragen wesentlich dazu bei, ob der Raum für seine Bewohner funktioniert. Sind mehr als eine Funktion im Raum gewünscht, wird es komplizierter.

Hier war der Familie der Essbereich zu klein. Auch wenn der Schrank noch so praktisch war, nachdem er abgebaut wurde...

...konnten alle den Raum endlich genießen.

Funktionalität in einem Raum zu erreichen ist daher wesentlich umfangreicher, als es auf den ersten Blick erscheint.

Am Beispiel eines Wohnzimmers:

Was erwarten wir von unserem Wohnzimmer?

- Sollte es dazu dienen, oft Gäste zu empfangen und sich dort zu unterhalten? Dann wollen wir ausreichend Sitzgelegenheiten haben, die bequem und so aufgestellt sind, dass sich alle sehen können, z. B. gegenüberliegend, im Halbkreis oder Kreis.
- Sollte es uns die Möglichkeit geben, mit der ganzen Familie gemeinsam vor dem Fernseher zu sitzen? Dann brauchen wir genügend Sitzplätze, damit alle in eine Richtung sitzend gut den Bildschirm sehen können, ohne sich den Hals zu verrenken, also z. B. in einer U- oder L-Form.
- Sollte es zusätzlich einen Leseplatz für eine Leseratte geben?
- Sollte eine Nische geschaffen werden, in der Sie zu zweit gemütlich sitzen und reden können?
- Muss im Wohnzimmer auch ein Esstisch stehen, an dem die ganze Familie Platz hat?
- Wird ein Ort für einen Computer oder ein Laptop-Tisch benötigt?

Sie merken an diesem Beispiel schnell, dass eine Menge bedacht werden muss, damit alle gewünschten Funktionen im Raum untergebracht werden können. Etwas später in diesem Kapitel, bei der Platzierung, wird dieser Prozess ausführlicher beschrieben. Momentan geht es darum, dass Sie bewusst planen, welche Funktionen gemeinsam im Raum untergebracht werden müssen. Das ist meistens mehr als eine.

Rechts kann man gemeinsam fernsehen und gleichzeitig kann der Raum auch als Essplatz genutzt werden. Alle Bewohner können sich leicht im Raum zu ihren Bereichen bewegen. Die Laufwege sind frei.

2. Komfort

Der Komfortfaktor setzt sich zusammen aus der Bequemlichkeit der Möbel und der Stimmung die im Raum herrscht.

Der Komfortfaktor bestimmt wesentlich mit, wie gerne und wie oft sich Menschen in einem Raum aufhalten. Ein Raum kann wunderschön anzusehen sein, wenn er aber für die Bewohner nicht komfortabel ist, wird er entweder wenig genutzt oder die Bewohner werden die Möbel und Dekorationen darin täglich so herumrücken, dass sie sich dort wohlfühlen und entspannen können.

Das Schöne ist, dass Sie durch die Suche nach der für Sie bestmöglichen Funktion und der dazu passenden Position der Möbel bereits die beste Voraussetzung geschaffen haben, um Ihren Raum komfortabel zu machen. Aber der Komfortfaktor kann durch einige wenige Dinge wesentlich erhöht werden.

So einfach wird Ihr Raum komfortabel:

Laufwege: Stellen Sie sicher, dass alle Nutzer leicht zu den Möbeln kommen und die Möglichkeit haben, die gewünschten Dinge im Raum ausüben zu können.

Oberflächen: Achten Sie darauf Oberflächen zu nutzen, die Sie gerne ansehen und anfassen.

TIPP: Decken Sie ungeliebte Möbeloberflächen ab. Eine kuschelige Decke über ein Sofa gezogen oder eine große Schale auf dem Sideboard lassen Oberflächen „verschwinden" und das Möbelstück komplett anders wirken.

Böden: Je nach Raumfunktion sind einige Böden praktischer als andere. Im Schlafzimmer bietet ein Teppich oft mehr Wohlfühlfaktor als Laminatboden. Ein abwischbarer Boden in der Familienküche trägt sicherlich mehr zum Wohlbefinden und häufigen Aufenthalten bei, als ein Boden der schlecht zu reinigen und sehr empfindlich ist. Ein praktischer Fußboden hat einen großen Anteil am Komfortfaktor. Daher sollten Sie bei einem ungeeigneten Fußboden über einen Austausch nachdenken.

TIPP: Ist ein Fußboden-Austausch nicht möglich (wie z. B. in einer Mietwohnung), sollten Sie überlegen, ob bezahlbare Teppiche in einer anderen Farbe den Komfortfaktor sofort erhöhen könnten.

Andersherum sind aber auch Böden die nicht zur gewünschten Stimmung passen, z. B. ein Fliesenboden im Wohnzimmer, zwar praktisch, aber nicht gemütlich. Hier sollten Sie unbedingt auf den Komfortfaktor achten und Ihrem Raum, mit einem großen Teppich oder auch mehrere zusammengelegte kleine Teppiche, Wärme geben.

Der dunkle Fliesenboden wirkt durch den hellen Teppich nicht mehr so kalt.

Mehr Komfort bzw. Wohlbefinden können Sie auch ohne Austausch des Bodens erreichen:

Kissen & Co. sind nicht nur gemütlich und schön, sie machen einen Raum auch optisch komfortabler.

Dekorationen sind von uns geliebte Dinge und Erinnerungsgegenstände, die uns glücklich machen. Sie helfen zu entspannen und kreieren Wohlfühlgefühl. Außerdem geben sie Ihrem Raum Ihre Persönlichkeit und machen ihn auch dadurch wesentlich komfortabler.

Farben die Ihnen gute Laune verschaffen oder helfen zu entspannen, sind ein wesentlicher Komfortfaktor in jedem Raum.

Licht hilft, Sie in die richtige Stimmung zu versetzen und macht viele gewünschte Funktionen oft erst möglich.

Akustik ist ebenfalls ein wichtiger Faktor im Raum. Eine Raumakustik, die Ihnen bei einem Gespräch das Gefühl gibt in einer Halle zu sein, wird sich nicht gut anfühlen.

Hinweis:
Ausführliches zu allen diesen Punkten finden Sie in den nächsten Kapiteln.

3. Ein schöner Raum – gerne auch mit dem WOW-Faktor

Natürlich sollte der neu gestaltete Raum nicht nur gut funktionieren und komfortabel, sondern auch ästhetisch schön sein. Und auch den sogenannten Wow-Faktor haben. Wir alle wünschen uns ein schönes Zuhause, in dem wir uns gerne aufhalten, auf das wir stolz sind und uns wohlfühlen.

Das tolle ist, einen schönen Raum gestalten zu können ist nicht nur Profis vorbehalten. Das Umsetzen der hier im Buch beschriebenen Regeln hilft Ihnen dabei. Durch das Gestalten mit einem „Einrichtungsthema" ist dieses Wohnerlebnis zu erreichen.

Das Einrichtungsthema

Wieso brauche ich zum Einrichten ein Thema? Ist damit der Einrichtungsstil gemeint? Nein, der ist damit nicht gemeint. Im Gegensatz zu einem bestimmten Designstil wie z. B. Scandi, Art Deco, Vintage oder Shabby Chic etc., sind bei einem Einrichtungthema keine genauen Stile vorgegeben. Einrichtungsthemen sind umfassender und können z. B. „Natur", „knallige Farben", „Messing", „Reisen", „Blumen", „Hunde" oder auch einfach nur „Holz" oder „Rot", also eine Farbe, sein.

Ein Einrichtungsthema ist also viel offener, Sie können uneingeschränkt Ihre Lieblingsteile und eine bestimmte Stilrichtung einsetzen – solange diese zu einem Einrichtungsthema kombinierbar sind. Probieren Sie es einfach mal aus. Es macht Spaß, in den vorhandenen Dingen Gemeinsamkeiten zu finden.

Im Idealfall richten Sie Ihren Raum mit einem Thema und einem Farbschema ein. Beides zusammen schafft ein klares Bild. Die Gemeinsamkeiten verbinden den Raum und bilden ein Gesamtwerk. Der optische Effekt und die Stimmung in so einem Zimmer sind komplett anders als in einem Raum, in dem wie zufällig einige Dinge stehen. Mit der Kombination aus Einrichtungsthema und Farbschema wird der gesamte Raum stimmig. Die Bildung eines Einrichtungsthemas ist eine der effektivsten Techniken, um Ihrem Raum den WOW-Faktor zu verleihen.

In diesem Koch-/Essbereich ist das Thema Holz und Messing.

Auch im Wohnbereich ist „Holz" als Thema in der Tapete, dem Regal, der Tür und der Deko fortgeführt. Die Farben Blau und Taupe sind zusätzlich überall wiederholt.

Selbst die Küchengeräte passen zum Thema. Tolle Umsetzung von Anke Lachmuth.

So einfach gelingt die Bildung eines Einrichtungsthemas:

- Ein Thema in einem Raum zu haben bedeutet nicht, dass der gesamte Raum überall oder fast ausschließlich Dinge des Themas beinhaltet. Es reichen immer einige Elemente, diese dürfen nur nicht von anderen optisch überrollt werden. Ein gutes Maß ist maximal 10 – 20 % verschiedene bzw. gemischte und 80 – 90 % neutrale Einrichtungsgegenstände zu kombinieren.

- Ein Thema zu finden ist normalerweise leicht, denn wir tendieren dazu, immer wieder ähnliche Dinge zu mögen und zu kaufen. Damit ist das Themenbilden eine ideale Technik für Ihr Redesign Projekt.

- Betrachten Sie einmal alles, was in den Raum soll. Haben fast alle Möbel einen Holzanteil? Gibt es viele gemusterte Stoffe? Lieben Sie eine bestimmte Farbe oder Farbkombination? Oder gibt es viel Chrom oder Silberfarbenes wie Beistelltische, Lampenständer, Kerzenhalter, Bilderrahmen etc.? Dann laden diese Dinge ein, aus ihnen ein Thema zu bilden.

- Das bedeutet im Gegenzug auch, dass alles was nicht zu diesem Thema passt, nicht in den Raum sollte. Nehmen wir einmal das Beispielthema „Natur": Hier würde z. B. der Abstelltisch oder die Stehlampe mit Chromanteil nicht passen. Somit kommen diese Dinge auch nicht in den Raum. Hier würden sie ablenken und die optische Harmonie des Raumes durchbrechen.

TIPP
Finden Sie in einem anderen Raum einen schönen Ort für diese Dinge. Im Raum bleiben kann alles, was nicht konträr zum Thema oder als neutral anzusehen ist, wie in unserem Beispiel z. B. Möbel aus Stoffen, Glas, Kissen ohne Metalleffekt, Lampen mit weißem oder schwarzem Fuß etc.

- Sollte Ihnen jetzt etwas Bestimmtes fehlen (z. B. ein Abstelltisch, eine Lampe etc.) dann suchen Sie einfach in den anderen Räumen Ihres Zuhauses danach. Wir nennen dies „Shoppen im eigenen Zuhause" (dazu mehr im nächsten Kapitel).

- Auch bei Themen ist die Bandbreite der Elemente nicht nur erlaubt, sondern ausdrücklich gewünscht. Bei dem Thema „Holz" passen z. B. nicht nur Möbel in einer natürlichen Holzfarbe, sondern auch Bilderrahmen in Matt weiß, Kerzenständer oder Schränkchen die schwarz hochglanzlackiert sind.

■ Einem Raum ein Einrichtungsthema zu geben, ist also nicht schwer. Es muss nur von Anfang an mit eingeplant werden. Versuchen Sie es einfach. Sie werden überrascht sein, wie viele Dinge Sie entdecken die passen und wie wenige nur aus dem Raum müssen. Diese wenigen Dinge sind es aber, die oft den WOW-Faktor verhindern.

■ Auch bei der Themenbildung gilt: Weniger ist mehr! Ein Thema zu bilden bedeutet nicht, dass z. B. ein kompletter Raum mit lauter Katzenfiguren und -bildern ausgestattet wird, egal wie sehr Sie Katzen vielleicht lieben (oder wie viele Dinge Ihnen Freunde davon über die Jahre geschenkt haben). Solange Sie kein „Katzenzimmer" erstellen wollen, reichen einige wenige Dinge die in unterschiedlicher Form auf das Thema hinweisen.
Damit haben Sie Ihre Vorbereitungen fast abgeschlossen. Vielleicht ist Ihnen schon die eine oder andere Idee zur Bildung eines Einrichtungsschemas eingefallen?

Haben Sie es erkannt? Hier ist das Thema grafische Muster.

TIPP Wenn Sie jetzt Lust zum Shoppen haben, dann verlassen Sie dazu jetzt nicht das Haus, sondern lesen erstmal weiter!

Fehlende Möbel & Co.: Shoppen im eigenen Haus!

Vielleicht haben Sie noch nie eine Umgestaltung so gründlich geplant wie dieses Mal. Sie haben schon so vieles bedacht, haben sich dem Buch folgend ein Einrichtungsthema ausgedacht und merken vielleicht zu diesem Zeitpunkt, dass Ihnen für Ihre Wunschkonstellation einige Möbel, Lampen oder Deko fehlen.

Was tun? Kaufen? Folgen Sie (möglichst) meinem Motto und nutzen Sie was schon vorhanden ist. Meine Empfehlung: Bevor Sie etwas Neues anschaffen, sehen Sie sich doch erst einmal alles an, was schon vorhanden ist. „Shoppen" Sie im eigenen Haus – das macht wirklich Spaß!

Und damit meine ich Ihr gesamtes Zuhause. Sehen Sie gründlich nach, ob Sie ein fehlendes Teil, nehmen wir hier eine Stehlampe, nicht doch schon haben. Vielleicht gibt es auf dem Dachboden, in der Garage, im Keller oder sogar bei den Eltern eine Lampe, die perfekt passen würde? Vielleicht steht eine passende Lampe sogar schon in einem anderen Raum und wird dort gar nicht gebraucht? Vielleicht hat das gute Stück eine etwas andere Form oder Farbe als gedacht? Beides kann aber genauso schön sein oder verändert werden. Alternativ können Sie anstatt einer Stehlampe vielleicht eine vorhandene Tischlampe verwenden und diese in einem Regal platzieren?

In Kellerräumen finden sich lang vergessene und verborgene Schätze.

TIPP

Ich glaube daran, dass es weniger darauf ankommt was Sie haben, sondern viel mehr darauf, wo Sie es hinstellen.

So einfach gelingt Shoppen im eigenen Haus:

- Erstellen Sie zunächst eine Liste von Dingen, die Ihnen fehlen. Schreiben Sie ganz konkret auf, wonach Sie suchen, z. B.: Tischlampe für den Schreibtisch im Wohnzimmer, großer Teppich unter dem Esstisch, Bild über dem Sofa, Spiegel für den Flur etc.

- Schreiben Sie nun das Thema des Raumes auf und notieren Sie Merkmale die dazu passen, wie z. B. beim Thema Metalle – alles was glitzert, Chrom, Silber, Messing, Kupfer, Spiegel...

- Notieren Sie alle Farben des von Ihnen ausgewählten Farbschemas.

- Gibt es Dinge die Sie schon immer im Raum haben wollten, von denen Sie aber glaubten, dass diese nicht passen? Wenn ja, ist das jetzt auch noch so? Oder könnten sie durch einen neuen Bezug, einen anderen farblichen Anstrich in das Thema einbezogen werden und nun endlich zum Einsatz kommen?

- Überlegen Sie, ob es außer in diesem Raum, irgendwo im Haus weitere Lieblings- oder Erinnerungsstücke gibt. Könnten diese weiterhelfen, auch wenn sie leicht verändert werden müssten?

- Gehen Sie nun von Zimmer zu Zimmer und betrachten Sie in Ruhe alles, was in den Räumen vorhanden ist.

Gehen Sie wirklich in alle Räume! In fast jedem Raum finden sich Schätze, die Sie gut auch in anderen Räumen platzieren können. Auch die Bäder gehören dazu.

- Auf Ihrer Suche finden Sie etwas Passendes. Sie sind aber der Meinung, dass das unbedingt in dem bisherigen Raum bleiben muss? Dann stellen Sie sich die Frage, ob dieses Teil nicht vielleicht durch ein anderes Teil ersetzt werden könnte?

- Selbst wenn Sie z. B. eine Lampe oder einen Spiegel als unabdingbar ansehen, leihen Sie sich diese einfach kurzfristig aus und testen Sie das Stück am neuen Ort. Entscheiden Sie dann, wo das Teil sein endgültiges Zuhause bekommt.

- Überlegen Sie bei Teppichen, die vielleicht nicht in der Größe passen, ob es möglich wäre, entweder mehrere Teppiche neben- oder aufeinander zu legen, bzw. einen Teppich zusammen zu falten oder sogar abzuschneiden. Das mag radikal erscheinen. Es ist aber besser etwas zu verändern um es zu verwenden, als es ungenutzt herumliegen zu lassen!

- Bilder, Spiegel und Dekoartikel, die auf den ersten Eindruck zu klein erscheinen, können als Gruppierungen zusammengestellt werden, umso die Größe zu erzielen, nach der Sie suchen.

- Zu kleine Deko oder zu niedrige Lampen können gut auf einem Stapel Bücher oder Zeitschriften gestellt werden, umso die nötige Höhe zu erreichen.

- Abstelltische können in jeder Form und Größe gut miteinander kombiniert werden.

- Als Abstelltische können viele Dinge dienen, z. B. Hocker, Stühle, Bücherstapel, Koffer, Kisten, umgedrehte Körbe oder auf den Kopf gestellte schicke Mülleimer.

- Wenn Dinge farblich oder zum Thema passen und es nicht viel Mühe bereitet, nehmen Sie diese erst einmal mit in den einzurichtenden Raum.

- Auch wenn Sie sich fragen, ob etwas passen könnte, probieren Sie es einfach aus! Die Mühe lohnt sich und Spaß macht es auch.

Das Möbelaufstellen

Platzieren Sie die Möbel in der hier beschriebenen Reihenfolge. Nachfolgend finden Sie zu jedem Punkt eine kurze Erklärung und die zu beachtenden Regeln. Krempeln Sie die Ärmel hoch und los geht's:

1. Die richtige Reihenfolge!

- Immer von groß auf klein.
- Wählen Sie die benötigten Möbel und beginnen Sie zunächst mit den großen Möbelstücken wie den Schränken, Sofas etc. (dazu beachten Sie die Punkte 2 – 10).
- Es folgen die kleineren Möbel wie z. B. ein Sessel oder die Couch- und Beistelltische. Danach kommen die Teppiche in den Raum.

> **TIPP** Erst wenn sich dieses Arrangement absolut richtig anfühlt, beginnen Sie mit der Gestaltung der Wände und dem Stellen der Deko.

- Hier ist es wieder wie mit der Kleidung: Erst wenn die Basis gegeben ist, fügen wir die schmückenden Teile hinzu.
- Das ist wichtiger als es vielleicht auf den ersten Blick erscheint. Oft wird geglaubt, dass durch ein paar Kissen und ein bisschen Farbe ein Raum ausgeglichen wirken kann. Dies ist nicht so. Die Wirkung eines Raumes wird durch die Dekorationen selbstverständlich mitbestimmt. Aber eine nicht funktionierende Platzierung der Möbel wird durch Deko nicht korrigiert!

2. Fokuspunkte! Was ist das, und warum sind sie wichtig?

Der Schrank als Lieblingsstück wird hier auf „die Bühne gestellt". Beim Betreten des Raumes kann er bewundert werden. Er gibt dem Auge sofort etwas zum „ankern".

- Ein Fokuspunkt ist das visuelle Zentrum eines Raumes. Es ist ein Punkt, zudem das Auge als erstes hinwandert, wenn ein Raum betreten wird. Fokuspunkte erden einen Raum, geben ihm Gewicht. Ohne sie würde unser Blick haltlos umherwandern.
- Wie oft waren Sie in Wohnräumen von Freunden und haben erst nach einiger Zeit überrascht bemerkt, dass es z. B. einen tollen Ausblick gibt? Bei anderen wiederum haben Sie den Raum betreten und sofort festgestellt, dass es einen schönen Ausblick, Erker oder Kamin gibt. Das Besondere ist Ihnen gleich aufgefallen – es ist der Fokuspunkt!
- Gibt es in Ihrem Raum etwas Besonderes, das Sie betonen möchten? Mit der Bildung eines Fokuspunktes haben Sie die Gelegenheit das Schönste Ihres Raumes hervorzuheben. Er gibt Ihrem Raum sofort etwas Einzigartiges.
- Was ist aber, wenn Ihr Raum gar nichts Besonderes hat? Dann rücken Sie die Möbel für die hauptsächliche Raumfunktion in den Fokus, wie z. B. den Sitzbereich im Wohnzimmer, den Esstisch im Essbereich, das Bett im Schlafzimmer. Wenn keine anderen Dinge hervorgehoben werden sollen, zelebrieren Sie einfach die Funktion.
- Vielleicht denken Sie jetzt: Meine Möbel sind auch nicht gerade die schönsten. Kein Problem – ein Fokuspunkt kann auch ein Lieblingsstück, wie ein großes Bild oder eine Gruppierung von Dekorationen, sein.

> **TIPP** Geben Sie Ihrem Raum durch einen starken Fokuspunkt den WOW-Faktor. Dies kann, neben einem schönem Ausblick, einem Erker oder Kamin auch ein Möbelstück oder Bild sein.

Das Bild dominiert und bringt den WOW-Faktor. Es ist klar der Fokuspunkt.

Hier sind die Wand und das Bild der Fokus im Raum.

Hier wandert das Auge zuerst zum Ausblick.

Mit diesem Ausblick sollte nichts konkurrieren...

...somit lenkt im Schlafzimmer auch nichts davon ab.

Zu viele Dinge lenken vom Fokuspunkt, der Fachwerk-Wand, ab...

... deshalb rückt hier die Wand richtig in den Fokus.

Es können auch kleine Dinge sein, die den Fokus bilden.

Ein toller Fokuspunkt direkt beim Reinkommen.

So einfach gelingt der Fokuspunkt:

- Regel Nr. 1: JEDER Raum braucht einen klar erkennbaren Fokuspunkt.

- Dieser muss sofort beim Betreten des Raumes ins Auge fallen.

- Es kann mehrere Fokuspunkte in einem Raum geben, aber einer muss offensichtlich der Haupt-Fokuspunkt sein.

- Jeder Fokuspunkt braucht Platz. Der Blick muss frei zwischen eventuell vorhandenen, verschiedenen Fokuspunkten wandern können.

- Der natürliche Fokuspunkt ist der Ort, zu dem der Blick in einem leeren Raum wandert, wenn Sie sich in den Türrahmen stellen.

- Die großen Möbelstücke müssen so aufgestellt sein, dass sie den Fokuspunkt entweder unterstützen oder bilden.

- Ein Fokuspunkt, z. B. ein Ausblick, Bild oder Kamin, kann mit Möbeln und Deko unterstützt oder verstärkt werden. Er darf aber weder zugestellt werden, noch mit anderen Dingen um Aufmerksamkeit konkurrieren müssen. Wenn Sie also einen schönen Ausblick hervorheben wollen, nutzen Sie z. B. Möbel und Deko um diesen damit einzurahmen und dem Fokuspunkt noch mehr „Gewicht" bzw. Aufmerksamkeit zu geben. Nutzen Sie in diesem Fall aber keine auffälligen Bilder um vom eigentlichen Fokuspunkt, z. B. dem Ausblick, abzulenken.

- Wenn der Fokuspunkt ein Bild ist, dann unterstützen alle anderen Dinge die Aufmerksamkeit darauf. Alles was mit dem Bild konkurrieren würde, wird einfach weiter weg platziert.

Der erste Blick geht auf das gelbe Bild und wandert dann von der Sitzgruppe zum Essplatz. So fällt nicht auf, dass auf kleinstem Raum zwei Bereiche untergebracht wurden.

TIPP Haben Sie ein Lieblingsstück oder eine Sammlung von mehreren Dingen, die Ihnen viel bedeutet? Dann können Sie diese endlich in den Fokus rücken und z. B. auf einem Sideboard, Regal oder an einer Wand so richtig schön inszenieren.

3. Die Verteilung der Möbel

Die Balance macht es!

- Verteilen Sie die Möbel gleichmäßig im Raum. Schließlich wollen Sie den ganzen Raum nutzen und nicht nur einen Teil. Oft werden Möbel jedoch entweder an der Wand entlang oder alle an einem Ort aufgestellt. So bekommt ein Raum optisch das Gefühl zu „kippen". Oder es werden in manchen Bereichen einfach zu viele Möbel abgestellt, da dort „noch Platz war".

Obwohl hier alle Möbel auf den Ausblick ausgerichtet sind, fühlt sich der Raum nicht ausgeglichen an.

Hier ist es viel besser. Wir sehen sofort die Funktion, alles fühlt sich ausbalanciert an.

Ohne die Bank und das Regal würde dieses Badezimmer „kippen". Da hier kein geschlossener Schrank, sondern ein offenes Regal eingesetzt wurde, wirkt der Raum offen und großzügig.

- Planen Sie Ihre Möbelplatzierung bewusst. Das Ziel sollte sein, verschiedene Zonen zu schaffen. Das ist leichter als Sie vielleicht denken. Allein dadurch, dass ein Raum für verschiedene Funktionen nutzbar sein sollte, verhindern Sie fast automatisch ein Aufreihen von Möbeln. Durch das Bilden von Möbelgruppen in unterschiedlichen Bereichen entstehen Wohn-Zonen im Raum.

- In einem Raum mit einer Sitzgruppe und einem Essbereich werden Sie die Möbel nicht einfach nur an der Wand entlang platzieren können. Durch das Kreieren von mehreren Zonen entsteht ein interessanter Raum.

Die zwei Zonen machen den Raum spannender.

Probieren Sie einfach unterschiedliche Möbelpositionen aus. Sie werden überrascht sein, wie unterschiedlich der Raum wirkt. Welche Position gefällt Ihnen am besten? Welche erlaubt allen Bewohnern den Raum bestmöglich zu nutzen? Im leeren Raum ist der richtige Zeitpunkt, um verschiedene Möbel und ihre Positionen auszuprobieren. Sind die Möbel erst einmal wieder drin, werden Sie nicht mehr so frei denken können.

Inszenieren Sie Lieblingsplätze!
Neben all den Regeln der Raumgestaltung sollten Sie eines auf keinen Fall vergessen: Schaffen Sie sich und Ihren Mitbewohnern einen, oder sogar mehrere, richtig schöne Lieblingsplätze! Wollten Sie eventuell schon immer einen Ort haben, an dem Sie in Ruhe eine Tasse Kaffee trinken und dabei den Ausblick in den Garten genießen können? Oder zum Lesen? Einen Platz, um mit Ihrem Partner abends in Ruhe einen Wein zu trinken und zu reden? Vielleicht einen Rückzugsort vom Alltag im Schlafzimmer? Eine Ecke zum Malen oder ein Ort zum Schreiben? Nutzen Sie jetzt die Chance hierfür bewusst einen Platz zu suchen und einzurichten. Tun Sie es!

Wie gefällt es Ihnen besser?

Hier sind alle Möbel auf den Fernseher ausgerichtet.

Hier ist der Raum zur Leseecke geöffnet.

Der Raum hat zwei Bereiche, erscheint aber mehr als Einheit.

So einfach gelingt die ausgewogene Möbelverteilung:

- Achten Sie darauf, dass nicht alle großen Möbel wie z. B. die großen Schränke, Media-Wand, Bett, Sitzecke etc. auf einer Raumseite stehen.

- Unser Auge liebt Symmetrie. Eine symmetrische Möbelanordnung lässt einen Raum ruhig und gemütlich wirken.

- Eine asymmetrische Anordnung dagegen lässt den Blick durch den Raum wandern.

- Möbel stellt man am besten in einer Art Dreiecksform auf. Das wirkt am ausgewogensten.

TIPP: Stellen Sie einzelne Schränke nie direkt in die Ecke eines Raumes. Sie wirken dann „gequetscht" und meistens in der Größe unpassend. Grundsätzlich gilt: Möbel und Schränke brauchen Luft um schön auszusehen und zu wirken. Dies gelingt in Ecken, z. B. durch das „über Eck" stellen.

- Stellen Sie nicht zu viele Möbel in den Raum. Prüfen Sie bei jedem Stück, ob es wirklich für die gewünschten Funktionen notwendig ist. Wenn Sie dies nicht sofort bejahen können, lassen Sie es (zumindest vorerst!) weg!

- Stellen Sie sicher, dass genügend Platz bleibt, sodass alle Bewohner frei und einfach zu den Sitzgelegenheiten gelangen können.

- Testen Sie, ob Sie nicht z. B. gegen Möbel laufen. Steht etwas im Weg?

- Achten Sie darauf, dass die Laufwege von den Türen zu den Möbeln und Fenstern nicht zugestellt werden. Stehen die Möbel so, dass beides leicht erreicht werden kann?

- Wo wird der Raum betreten? Laufen Sie dabei eventuell direkt gegen ein Möbelstück?

- Müssen Sie um Möbel herumgehen, um sie nutzen zu können? Wenn ja, stellen Sie so um, dass die Laufwege frei sind.

- Überprüfen Sie, ob sich alle Türen noch komplett öffnen lassen.

- Überprüfen Sie, ob der Fokuspunkt offen sichtbar und nicht zugestellt ist?

- Sehen Sie sich den Raum noch einmal an: Sind die Möbel klar aufgeteilt und ist ihre Funktion sofort erkennbar?

Wie stelle ich meine Sitzgruppe im Wohnzimmer auf?

Sind Sie noch unentschieden, wie Sie Ihre Sitzgruppe im Wohnzimmer aufstellen möchten? Dann habe ich hier einige Anregungen für Sie:

- Grundsätzlich sollten Sie versuchen das Sofa und die anderen Sitzelemente so zu positionieren, dass diese die gewünschte Funktion, wie z. B. Fernsehen, erfüllen, sich gleichzeitig aber möglichst viele Personen sehen können.
- Eine gute Möglichkeit ist mit der Sitzgruppe ein loses Rechteck zu bilden.
- Gibt es zum Fernsehen einen extra Bereich und dient die Sitzgruppe nur zur Unterhaltung, können sich die Sofas, bzw. das Sofa und die Sessel, auch parallel gegenüberstehen.
- Sollten mehr Sitzgelegenheiten benötigt werden, können diese als zusätzliche Sessel oder Stühle leicht als Rechteck dazu gestellt werden.
- Zur jeder Sitzgruppe gehören immer mindestens ein, besser aber mehrere Ablagetische.
- Wenn der Couchtisch vor dem Sofa steht, ist eine längliche Form häufig optisch am schönsten.
- Quadratische Ablagetische sehen nur dann gut aus, wenn sie zwischen Sofa und Sesseln stehen. Gibt es keine Sessel, wirkt ein längliches Modell harmonischer.
- Runde Ablagetische passen fast immer gut.
- Eine gute Idee ist immer mehrere Tische unterschiedlicher Höhe zusammenzustellen.

Hier sind die Möbel ausgeglichen und die Laufwege zur Terrasse bleiben frei. Jeder Bereich hat eigene Abstellmöglichkeiten. Die roten Sessel bieten zusätzlich die Möglichkeit einer Unterhaltung zu zweit.

Spezielle Tipps zum Möblieren von mehr als einer Hauptfunktion in einem Raum

Möchten Sie einen Raum gestalten der mehr als eine Funktion haben soll, wie z.B. ein Wohn- und Esszimmer? Dann sind Sie in bester Gesellschaft. Räume mit mehr als einer Nutzungsmöglichkeit sind heute eine der häufigsten Herausforderungen.

- Entscheiden Sie, welche der Funktionen den Hauptfokuspunkt einnehmen wird. Fragen Sie sich: Welcher Bereich wird häufiger genutzt?
- Stellen Sie die Möbel dafür zuerst auf.
- Möblieren Sie danach den zweiten Bereich.
- Geben Sie jedem Bereich seine eigene Zone, indem Sie z. B. jeden Bereich mit einem Teppich einrahmen oder aber die Bereiche optisch aufteilen, z. B. mit einer Stehlampe oder einer großen Pflanze.
- Verbinden Sie beide Funktionen durch ein gemeinsames Thema und/oder ein gemeinsames Farbschema.

Weitere Tipps hierzu im Kapitel „Einrichtungstipps nach Raumform".

Drei Funktionen in einem Raum.

Zwei Funktionen in einem Raum.

Hier ist jeder Bereich für sich. Dadurch steigt das Platzgefühl.

Spezielle Tipps
für kleine Räume mit mehr als einer Funktion:

- Möblieren Sie auch in kleinen Räumen zuerst die Hauptfunktion.
- Fragen Sie sich, ob die schon vorhandenen Möbel eine Doppelfunktion übernehmen könnten, wenn z. B. zusätzliche Beistelltische oder Sitzgelegenheiten dazukommen. Wäre es möglich diese in die vorhandene Gruppe zu integrieren?
- Fragen Sie sich, wie oft die zusätzliche Funktion, z. B. ein Essplatz, benötigt wird? Wenn Sie sich im Wohnzimmer zusätzlich einen Essplatz für das Essen mit Freunden wünschen, diese aber nur ein paar Mal im Jahr kommen, wäre es vielleicht möglich, einen kleineren Tisch zu nutzen (der vielleicht eine Ausziehfunktion hat), oder an einer anderen Stelle einen Tisch zu lagern, der dann bei Festen aufgestellt wird?
- Sehen Sie sich im Raum um: Gibt es vielleicht eine Nische in der zwei Sessel für das intime Gespräch mit der Freundin oder dem Freund stehen könnten? Ist unter dem Fenster vielleicht ein idealer Ort für den Tisch mit dem Laptop?

 Die Distanz zwischen Personen die sich unterhalten, sollte nicht zu groß sein. Als Faustregel gilt: Je intimer/persönlicher die Unterhaltung, desto geringer sollte der Abstand sein. Niemand möchte durch den Raum „rufen". Selbst bei größeren Gruppen sollte der Abstand zwischen den Personen maximal 3,5 m, möglichst unter 2,5 m sein.

- Möbel mit Doppelfunktion: Würde z. B. ein Puff mit einem Tablett einen Abstelltisch für Kaffeetassen bieten und ohne Tablett ein Ort sein, auf dem abends beim Fernsehen die Füße abgelegt werden können?
- Brauchen Sie wirklich alle Möbel?

 Nutzen Sie Ihre Räume für die täglichen Funktionen und leben Sie nicht generell eingeschränkt für nur seltene Gäste.

Der Klassiker in kleinen Räumen: Ein Büro mit Schlafsofa dient bei Bedarf auch als Gästezimmer.

Verschiedene Zonen sind auch in einem kleinen Raum möglich.

Spezielle Tipps für Essplätze

Um einen Essbereich zu möblieren sollten Sie vorab klären:

- Wie viele Personen sitzen hier regelmäßig?
- Wird der Tisch hauptsächlich zum Essen genutzt oder auch für andere Dinge wie Hausaufgaben, Arbeiten und Familienaktivitäten, Karten spielen etc.?
- Ist dafür ein runder oder eckiger Tisch günstiger?
- Bei welcher Tischform kommen wir besser zu den Stühlen?
- Wie sind die Laufwege? Komme ich gut an der Tischgruppe vorbei?
- Brauche ich unterstützende andere Möbel, z. B. Schränke oder Abstelltische?
- Wie viele Stühle brauche ich? Vergessen Sie nicht: Weniger ist mehr. Stellen Sie nur die konstant benötigten Stühle in den Raum.

 Mixen Sie verschiedene Stühle. Gerade wenn nicht viel Platz vorhanden ist, hilft ein Mix von unterschiedlichen Stuhlformen, mal mit und mal ohne Armlehne. Der Nebeneffekt: So bekommt jeder seinen Lieblingsstuhl.

Ein Mix an Stühlen spart Geld und ist interessant.

Hier kommen alle leicht zu den Plätzen. Der Zugang zur Terrasse ist frei und der Tisch kann bei Bedarf ausgezogen werden.

Stellen Sie nur die Stühle auf, die Sie täglich brauchen. Das bringt Platz.

Wenn Gäste kommen, werden einfach weitere Stühle dazu gestellt.

Herrlich – ein Bereich nur zum Essen!

Sie stellen fest, dass der vorher genutzte Tisch nicht die optimale Größe hat oder eine andere Oberfläche schöner wäre. Dann sehen Sie sich jetzt noch einmal genau im ganzen Haus um. Findet sich noch irgendwo ein Tisch in der gewünschten Form oder passendem Material? Wird dieser momentan z. B. als Schreibtisch oder für ein Hobby genutzt? Steht er vielleicht im Keller oder auf dem Dachboden, vergraben unter anderen Dingen? Kann der bisherige Tisch gegen einen anderen ausgetauscht werden? Gibt es irgendwo einen Tisch der aufgearbeitet werden kann? Denken Sie völlig offen und „shoppen" Sie im eigenen Haus.

Spezielle Tipps für Schlafzimmer

Bei der Möblierung Ihres Schlafzimmers kommt es vorrangig darauf an, dass Ihr Bett an der für Sie richtigen Stelle steht. Das Wichtigste im Schlafzimmer ist, dass Sie zur Ruhe kommen und sich erholen können.

- Wo wäre die optimale Position für mein Bett? Möchte ich, dass mir morgens die Sonne ins Gesicht scheint? Oder eher im Gegenteil, möglichst kein Licht auf das Bett fällt?
- Wie komme ich in mein persönliches Reich? Möchte ich alles sofort sehen oder wünsche ich mir eine Sichtbarriere, z. B. ein Bett um eine Ecke oder hinter einem Schrank oder Regal?
- Wie groß soll das Bett im Vergleich zum restlichen Raum sein?
- Soll im Schlafzimmer noch etwas Anderes möglich sein? Wünsche ich mir z. B. Platz für eine Yogamatte oder einen Lesesessel?
- Wie viel Platz brauche ich als Stauraum?
- Kann ich die Fenster und Gardinen leicht benutzen und öffnen?

Hier ist jede Menge Platz für mehr als nur Schlafen – hier ist auch ein persönlicher Rückzugsort mit viel Komfortfaktor.

4. Raumlinien & Sichtachsen

Nachdem die Möbel verteilt sind, überprüfen Sie jetzt die Raumlinien und Sichtachsen in Ihrem Raum. Was sind eigentlich Raumlinien und Sichtachsen und warum sind sie wichtig? Sie geben dem Raum ein Gefühl von Platz und Stimmigkeit. Und das wiederum gibt den Komfortfaktor. Auch diesem Thema sollten Sie Ihre Aufmerksamkeit widmen. Überprüfen Sie die Raumlinien und Sichtachsen immer dann, wenn die Möbel verteilt sind.

Raumlinien

Als Raumlinien werden die durch den Raum fest vorgegebenen Höhen oder Bereiche bezeichnet. Das sind z. B. die Höhen der Fenster, der Türen, der Terrassenzugänge, der Kamin etc. Aber auch Bereiche, die durch die Raumform bestimmt werden, wie z. B. Nischen oder einen Grundriss, der um die Ecke geht. Besonders Mauervorstände oder Stützpfeiler teilen einen Raum häufig in visuelle Bereiche.

Solche architektonisch vorgegebenen und meist unveränderbaren Installationen geben einem Raum also sozusagen kleine Unterräume. Werden diese nicht respektiert bzw. mit Möbeln durchbrochen, nimmt unser Unterbewusstsein dies oft störend, also nicht stimmig, wahr.

So einfach gelingt das Arbeiten mit den Raumlinien:

- Sehen Sie sich Ihren Raum diesbezüglich gründlich an: Wo sind die Raumlinien?

- Gibt es durch die Form des Raumes vorgegebene Bereiche? Dann möblieren Sie nur im Rahmen dieser gedachten Linien.

- Gibt es Mauervorsprünge die störend in der Möbelgruppe wirken? Die das Aufstellen der Möbel unterbrechen? Dann schaffen Sie besser links und rechts davon zwei unterschiedliche Bereiche.

- Beachten Sie die Höhe der Fensterbänke. Direkt davorstehende Möbel sollten die Höhe der Fensterbänke nicht überschreiten. Der Rücken eines Sofas vor einem Fenster sollte also nicht höher sein, als das der Fensterbank.

■ Gibt es Wandpaneele? Auch die wirken oft als Raumlinie. Genauso wie eine Unterteilung der Wand durch unterschiedliche Farben oder Tapeten. Auch hier sollte die Höhe der Möbel diese nicht überragen.

■ Gibt es einen Erker oder ändert sich die Raumform irgendwo? Dann beachten Sie diese unsichtbare Linie und stellen Sie keine Möbel außerhalb dieses Bereiches auf. Richten Sie stattdessen jeden Bereich für sich ein.

Hier wird durch die Dachschräge eine Linie im Raum vorgegeben. Der Arbeits- und Wohnbereich ist perfekt innerhalb einer jeder Linie.

Die Säule vorne rechts zieht eine Linie in den Raum, die nicht durchbrochen werden sollte.

Durch die Dachschräge wird eine Raumlinie gezogen. Toll genutzt mit einer Arbeitsecke.

Durch den Kamin und die Tür ergibt sich eine natürliche Unterteilung in zwei Bereiche.

Sichtachsen

Nachdem nun keine Möbel mehr die Raumlinien durchbrechen, überprüfen wir noch die Sichtachsen.

Sichtachsen sind bewusst freigehaltene Flächen, sozusagen Sichtschneisen, die den Blick auf etwas erlauben, z. B. den freien Blick auf ein Fenster. Häufig endet eine Sichtachse an einem „visuellen Ziel", einem Fokuspunkt. Sie kann aber auch zwei Raumfunktionen voneinander trennen, zum Beispiel die Hauptsitzgruppe von einer zusätzlichen kleinen Gruppierung von zwei Sesseln. Sichtachsen können also entweder etwas betonen oder voneinander trennen.

Sichtachsen sind wichtig, um dem Raum ein Gefühl von Platz zu geben. Sie schaffen Freiraum für das Auge!

So einfach gelingen die Sichtachsen:

- Fragen Sie sich: Worauf schaue ich, wenn ich den Raum betrete?
- Kann mein Blick frei zum Fokuspunkt bzw. zu den Fokuspunkten wandern? Ist zwischen ihnen genügend Platz?
- Kann der Blick frei zu den Fenstern wandern?
- Woher kommt das Licht im Raum? Wird es irgendwie geblockt?
- Muss ich irgendwo gegen den Rücken (die Rückwand) eines großen Möbelstückes schauen?
- Sehe ich die Laufwege?

Hier wurde die Sichtachse auf das Fenster freigelassen. Perfekt auch die Nutzung der Arbeitsecke unter der Dachschräge. Die Stützen geben zusätzlich auch Raumlinien vor.

Die Sichtachsen und Raumlinien wurden perfekt eingehalten. Auch die Laufwege sind frei.

Hier sind zu viele Möbel im Raum. Der Essbereich kann nicht mehr bequem genutzt werden und der Sessel stellt den Laufweg zu.

Jetzt wirkt alles frei und luftig. Die rote Wand wurde durch ein rotes Bild ersetzt und vor allem ist Überflüssiges aus dem Raum verschwunden. Jetzt fühlen sich die Bewohner und Gäste beim Essen wieder wohl.

5. Kleine Möbel

Alle großen Teile haben nun ihren Platz gefunden. Es wird Zeit die kleineren Möbel in den Raum zu bringen. Kleinere Möbel haben die Aufgabe die größeren Möbel zu unterstützen, sind wunderbar flexibel und deshalb vielseitig einsetzbar.

So einfach gelingt der Einsatz von kleinen Möbeln:

Betrachten Sie Ihren Raum und fragen Sie sich:

- Wo werden zusätzlich Möbel gebraucht, damit der Raum noch besser funktionieren kann?

- Womit kann ich vorhandene Möbel unterstützen? Brauche ich z. B. noch einen oder mehrere Beistelltische neben dem Sofa, damit alle bequem ihre Gläser abstellen können?

Kleine Möbel sind wahre Meister. Sie können
- Möbel, die in ihrer Proportion eigentlich für den Raum zu klein sind, größer wirken lassen. Sie geben sozusagen zusätzliches optisches Gewicht.
- durch ihre Farben, Oberflächen oder Stil, Möbelgruppen zu einer Einheit verbinden.
- ein Übermaß von eckig oder rund ausgleichen (dazu im nächsten Schritt mehr).
- einen größeren Tisch ersetzen, indem mehrere kleine Tische zusammengestellt werden.
- als Hocker sowohl als eine Sofaverlängerung oder auch als Ablage dienen.
- ein Sideboard durch quadratische Hocker ersetzen und mit Körben oder Boxen darunter viel Stauraum in Kinderzimmern und im Büro bieten.

6. Eckig und rund

Gönnen Sie sich eine kleine Pause und sehen Sie sich das bisher Erreichte an. Sieht es schon gut aus? Wirkt alles harmonisch?

Im nächsten Schritt widmen Sie sich einmal ganz bewusst den Formen im Raum. Betrachten Sie die vorhandenen Dinge. Was sehen Sie? Gibt es lauter eckige oder mehr runde Formen? Oder gibt es beides? Wie fühlen sich die Formen der Möbel an? Passt das so?

Warum ist das wichtig? Weil sich die meisten Menschen in einem Raum wohlfühlen, in dem es sowohl eckige als auch runde Formen gibt. Das ist wie mit dem Yin und Yang. Sogenannte weibliche und männliche Elemente sorgen für eine optische Ausgeglichenheit, denn ein Raum voller eckiger Formen wirkt auf uns oft „zu hart", lässt uns Weichheit und optische Wärme vermissen. Wir fühlen uns dann nicht wohl und können nicht entspannen.

Wenn aber ein Raum mit nur runden Formen eingerichtet wäre, entsteht das Gegenteil: Der Raum würde sich „nicht richtig", ein wenig „wie im Karussell" anfühlen. Vielen Menschen fehlt eine optische Klarheit.

Eine Ausgeglichenheit zwischen eckigen und runden Formen ist deshalb wichtig – sowohl für die ästhetische Gestaltung als auch für unser Wohlfühlgefühl.

So einfach gelingt die Harmonie von eckig und rund:

- Sehen Sie sich Ihren Raum unter diesem Gesichtspunkt in Ruhe an: Gibt es viele eckige Elemente, aber fast nichts Rundes? Dann sollten Sie runde Elemente hinzufügen. Genauso wäre es natürlich auch andersherum.

- Was ist, wenn Sie nun feststellen, dass Sie gar keine runden Möbel haben? Dann shoppen Sie wieder bei sich zu Hause. Gehen Sie auf die Suche nach geeigneten Stücken in der gewünschten Form. Gibt es vielleicht irgendwo einen oder zwei Abstelltische, die den bisher eckigen Couchtisch ersetzen könnten? Könnte der Schreibtisch gegen den Esstisch ausgetauscht werden?

- Im zweiten Schritt suchen Sie nach geeigneten kleineren Möbelteilen und Teppichen, die hier eine Balance bringen könnten. Gibt es z. B. einen runden Teppich, Pflanzen in runden Töpfen oder runde Lampen?

- Um die Balance von eckig und rund zu bekommen, kann natürlich auch Deko genutzt werden. Gibt es z. B. einen oder mehrere runde Wandbehänge wie Spiegel, Bild-Sammlungen, große Vasen etc.?

- Sie können ein wenig kulant sein. Die Aufteilung muss nicht 50:50 sein. Im Gegenteil, oft ist es sogar angenehmer, wenn eine Form überwiegt. Es kommt lediglich darauf an, dass beide Formen im Raum vertreten sind.

Ein toller Ausgleich von eckigen und runden Elementen.

Dieser Raum ist fast nur mit eckigen Formen gestaltet. Er wirkt dadurch eher ungemütlich.

Jetzt sind durch das Bild, den Spiegel, die Vase…

…sowie durch den runden Tisch und den Pflanzen runde Elemente dazugekommen. Der Raum wirkt ausgeglichener.

7. Zimmerpflanzen

Ich lieb' Dich, ich lieb' Dich nicht... An Zimmerpflanzen scheiden sich die Geister: Die einen lieben sie, die anderen sehen sie als Staubfänger oder sogar als altmodisch an. Sollten Sie zu den Personen gehören die Pflanzen lieben, vielleicht sogar mehrere große Exemplare besitzen, und diese unbedingt wieder im Raum haben möchten, dann ist jetzt der Zeitpunkt einen Platz dafür zu finden.

Im Redesign Prozess gelten große Pflanzen als kleine Möbelstücke. Sie werden gemeinsam mit den kleinen Möbeln im Raum platziert. Kleine Pflanzen sind im Sinne von Redesign eine Deko und werden erst später eingesetzt.

Diese große Pflanze wurde wie ein Möbelstück platziert.

Kleine Pflanzen...

...gelten als Deko!

Wozu könnten Pflanzen in der Raumgestaltung dienen? Sie sind ideale Raumteiler, die natürliches Licht durchlassen und den Raum optisch nur wenig einengen.

Meiner Meinung nach können Pflanzen aber noch viel mehr. Deshalb hier ein kleines Plädoyer für Zimmerpflanzen.

Pflanzen
- bringen die Natur ins Haus. Sie beleben nicht nur jeden Raum, sondern verbessern auch das Raumklima.
- verbessern die Akustik.
- Sie sind tolle Kontraste zu eckigen und runden Formen.
- sind gute Raumteiler, die viel Licht in alle Raumteile lassen.
- können Zimmerecken wunderbar abrunden.
- sind als Kombination aus großen und kleinen Pflanzen sehr dekorativ.
(Achtung: Achten Sie hier darauf, dass die Töpfe oder Körbe zueinander passen.)

Ich habe in jedem Zimmer eine Pflanze, auch mal pflegeleichte.

 **TIPP** Wenn Sie überhaupt keinen grünen Daumen haben, versuchen Sie es doch einmal mit fast pflegefreien Sorten wie Sukkulenten, Kakteen oder einem Gummibaum. Wenn auch das nichts für Sie ist, dann holen Sie sich die Natur alternativ durch Schnittblumen, Zweige, Steine, Muscheln, Blätter oder Blüten ins Haus. Auch eine Schale mit Früchten sieht toll aus und gibt Ihrem Raum etwas Lebendiges.

Pflegeleicht und schön!

8. Teppiche

Sie merken es bestimmt schon, Ihr Raum wird immer schöner und harmonischer.
Jetzt bringen Sie die Teppiche in den Raum zurück. Falls Sie bisher noch kein Fan von Teppichen sind, möchte ich versuchen Sie in diesem Kapitel von deren Wirkung zu überzeugen. Teppiche sind nicht nur ein Wohlfühlfaktor für unsere Augen und Füße, sie sind z. B. auch wichtige Verbindungsstücke um Möbel zu einer Einheit zusammen zu bringen. Eine Sitzgruppe, mit einem Sofa und einigen Sesseln, wirkt ohne einen Teppich oft wie zufällig zusammengestellt. Sind diese durch einen Teppich verbunden, gehören sie klar zusammen. Durch Teppiche lassen sich gut verschiedene Stile zu einer Einheit zusammenfügen. Sie bringen Farbe und Haptik, verbessern ganz nebenbei auch die Akustik und bringen, wie schon gesagt, eine große Portion Wohlfühlfaktor mit.

Und das ist noch nicht einmal alles. Als Teppich-Fan habe ich hier noch ein paar Gründe, warum für mich Teppiche in der Raumgestaltung kleine Wundermittel sind:

- Teppiche definieren die jeweiligen Wohn-Zonen. So können durch den Einsatz von Teppichen verschiedene Funktionen in einem Raum kreiert werden, ohne dass dieser kleiner wirkt.
- Teppiche können den oder die Fokuspunkt(e) betonen oder auch selbst ein Fokuspunkt sein.
- Teppiche können die Farben von Möbeln, z. B. eines Schrankes, unterschiedlichen Sessel- und Sofabezügen, Gardinen und sogar von Lieblingskissen vereinen.
- Teppiche können ein Thema im Raum wesentlich mitbestimmen.
  Ein Beispiel wäre hier ein graphisch gemusterter Teppich (siehe Beispiel auf Seite 43).
- Verschiedene Einrichtungsstile können durch Teppiche erfolgreich kombiniert werden.

Die Möbel wirken nicht als Gruppe. Sie „schwimmen" im Raum.

Hier sind zwei Zonen entstanden und die Möbel gehören zusammen.

Der Teppich stellt so auch eine Verbindung mit dem Sideboard her.

TIPP

Teppiche sind so wichtig für einen Raum, dass es sich hier lohnen würde, den passenden Teppich zu kaufen.

So einfach gelingt der Einsatz von Teppichen:

- Wie viele unterschiedliche Bereiche/Zonen habe ich?
- Wie viele Teppiche brauche ich dafür?
- Wie groß müssen diese sein?
- Welche Farbe sollten sie haben?

Nun nehmen Sie im zweiten Schritt die vorhandenen Teppiche unter die Lupe:

- Wie viele gibt es?
- Welche Größe und Farbe haben sie?
- Welche passen davon zu Ihrem Raum?
- Oft reichen die vorhandenen Teppiche nicht aus, manchmal gibt es gar keine. Shoppen Sie in diesem Fall wieder in den eigenen Räumen und suchen Sie gezielt nach Möglichkeiten. Vergessen Sie auch den Dachboden und den Keller nicht. Denken Sie quer! Testen Sie auch Teppiche, an die Sie normalerweise nicht denken würden, z. B. einen Sisalteppich aus dem Eingangsbereich im Wohnzimmer etc.
- Um eine gewünschte Größe zu bekommen, können Sie auch mehrere Teppiche zusammenlegen oder Teppiche unterschiedlicher Größe aufeinanderlegen.
- Beachten Sie, dass Teppiche immer groß genug sein sollten. Manchmal können wenige Zentimeter den Unterschied darin machen, ob Ihre Möbel als Gruppe erscheinen oder der Raum zerstückelt wirkt. Daher gilt: Größer ist besser! Nehmen Sie im Zweifel also immer den größeren Teppich.

- Grundsätzlich gilt:
  großer Raum = großer Teppich, kleiner Raum = kleiner Teppich.

- Die Richtung, in der ein Teppich liegt, sollte der Raumform entsprechen, also z. B. ein langer Teppich der Länge nach und nicht quer.

- Im Wohnbereich sollte der Teppich den gesamten Bereich zwischen den Polstermöbeln ausfüllen.

- Unter dem Essbereich sollte der Teppich so groß sein, dass die Stühle beim Zurücksetzen den Teppich nicht verlassen.

Im Essbereich gibt es eine Regel: Die Tisch- und Stuhlbeine müssen auf dem Teppich bleiben.

Der Teppich verbindet hier den Raum bis zum Bild. Er definiert auch diesen Bereich. Der Schlafbereich bleibt für sich.

Hier verbindet der Teppich den Bereich zwischen den Sesseln und dem Sofa, welches hinter der halbhohen Küchenwand steht. Ohne den Teppich würde es sich wie ein Durchgang anfühlen.

Wohlfühlfaktor Teppich. Im Kinderzimmer am besten überall.

Im Wellnessbereich ist er ein Farbtupfer, sorgt aber auch für optische Wärme.

Ganz ohne Teppich. Fehlt nicht etwas?

Ohne den Teppich würden die Möbel zu klein wirken.

Als Richtlinie gibt es 3 Möglichkeiten:
1. **Alle Möbel stehen komplett auf dem Teppich.**
2. **Nur vordere Möbelteile bzw. Möbelbeine stehen auf dem Teppich.**
3. **Keine großen Möbel stehen auf dem Teppich.**

Welche dieser Möglichkeiten Sie davon nutzen, können Sie frei nach Ihrer Vorliebe entscheiden oder nach dem was Sie bereits besitzen.

Sehen wir uns die 3 Möglichkeiten, bezogen auf einige Zimmertypen, einmal genauer an:

Teppiche in Wohnzimmern

Variante 1: Alle Möbel stehen komplett auf dem Teppich!

Dies ist die Variante, die den größten Teppich benötigt. Normalerweise sollte die Sitzgruppe hier frei auf dem Teppich stehen können – also nicht die Wand berühren – und der Teppich an jeder Stelle mindestens ca. 20 cm breiter und länger sein als eine Linie, die sich um die Möbel ziehen würde.

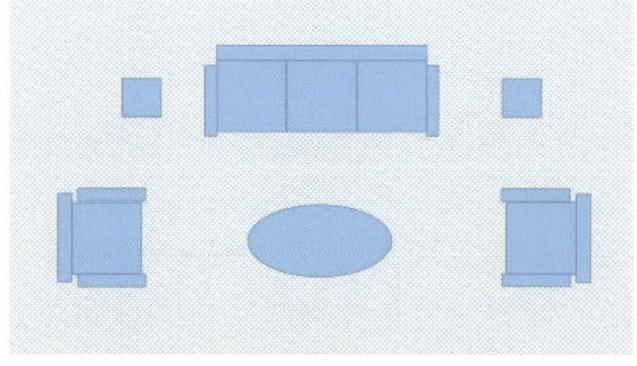

Variante 2: Nur vordere Möbelteile bzw. Möbelbeine stehen auf dem Teppich!

Wenn Sie Ihr Sofa an die Wand stellen wollen, ist dies oft die beste Option. Achten Sie dann jedoch darauf, dass konsequent auch alle Möbel nur mit den Vorderbeinen oder den vorderen Teilen auf dem Teppich stehen.

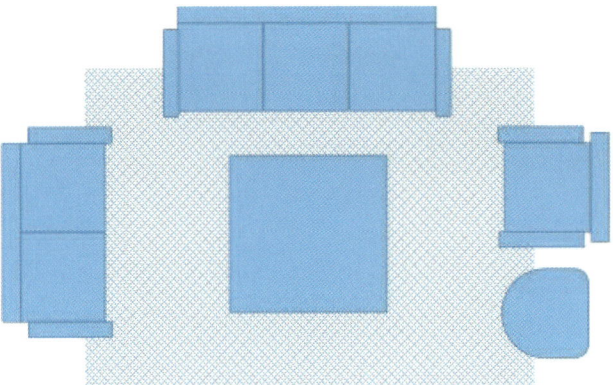

Variante 3: Keine großen Möbel stehen auf dem Teppich!

Dies ist die perfekte Lösung für enge Räume – sie wirken so am größten. Der Teppich sollte in der Proportion größer als der Couchtisch (der auf dem Teppich stehen darf) sein und den Platz zwischen den Möbeln größtenteils ausfüllen.

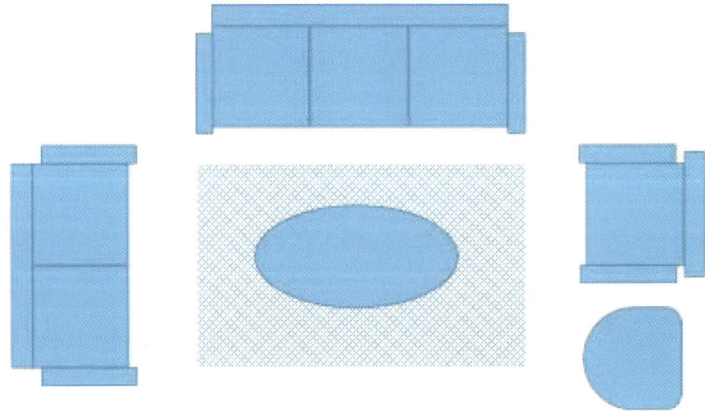

Hier wurde unter dem Essbereich auf einen Teppich verzichtet. Redesignerin Christiane Gürke hat hier mit einem Teppich den Wohnbereich verbunden.

Sowohl der Ess- als auch der Wohnbereich sind durch die Teppiche eingerahmt. So wirkt der Raum noch größer.

Teppiche in Schlafzimmern

Da der Fokuspunkt im Schlafzimmer fast immer das Bett ist, sollte dieses auch die Basis bzw. der Ausgangspunkt für den Teppich sein.

Auch hier gibt es wieder drei Varianten:

Variante 1: Die Alles-Inklusive-Variante
Hier liegt der Teppich unter dem ganzen Bett und es stehen auch die Beistelltische mit darauf, nicht aber die Schränke, Kommoden etc.

Variante 2: 2/3 unter dem Bett
Hier liegt der Teppich symmetrisch ausgerichtet, ca. 2/3 unter der Hälfte des Bettes mit dem Fußteil. Die Beistelltische stehen nicht darauf. Der Teppich sollte auf allen Seiten des Bettes mindestens 45 – 60 cm unter dem Bett hervorragen.

Variante 3: Läufer auf beiden Seiten
Statt eines großen Teppichs kann auf jeder Seite des Bettes ein kleiner Teppich oder ein Läufer liegen. Dieser sollte idealerweise nicht länger als das Bett sein, nicht unter den Beistelltischen liegen und für ein luxuriöses Gefühl ein klein wenig breiter als die Beistelltische sein.

Falls Sie an einen Läufer neben Ihrem Bett denken, vergessen Sie nicht, dass dieser das Erste ist, auf das Ihre Füße jeden Morgen treten. Verwöhnen Sie sich hier ruhig und suchen Sie in Ihrem Haus nach etwas ganz Besonderem. Dieser Teppich oder Läufer kann gerne einen echten Kuschelfaktor haben, wie eine gefaltete Decke oder ein Lammfell etc.

Sehr große Teppiche sind manchmal extrem teuer oder in einer bestimmten Größe sehr schwer zu finden. Warum nicht einen Teppich von der Rolle, also einen Auslegeboden in der gewünschten Größe zuschneiden und dann ketteln lassen. So bekommen Sie Ihre ganz persönliche Größe zu einem sehr viel günstigeren Preis.

Teppiche im Flur und Eingangsbereich

Teppiche geben Farbtupfer und können in einer fröhlichen Farbe oder mit Streifen jeden Tag gute Laune machen. Sie sind Dreckfänger und verringern gerade in öffentlichen Bereichen die Lautstärke.

Dieser Flur ist wenig einladend.

Hier dagegen wird sofort Stil gezeigt.

9. Licht: Lampen & Co.

Nachdem die Möbel und Teppiche im Raum ihren Platz gefunden haben, sind Sie fast am Ziel Ihrer Möbelplatzierung. Was noch fehlt, ist das Licht im Raum.

Dies ist häufig ein unterschätzter Teil. Oft wird bei der Raumgestaltung sehr viel Zeit und Mühe in die Zusammenstellung der Möbel investiert, die Leuchten werden dann aber fast unbedacht irgendwo hingestellt. Das ist schade, denn Licht erfüllt viele Aufgaben: Es zeigt uns wer und was sich vor uns befindet, gibt uns Sicherheit, lässt uns entspannen und zieht uns an.

Licht hat einen enormen Einfluss auf unser Wohlbefinden. Es bedeutet Aktivität und Leben. Wir gehen fast automatisch zum Licht, setzen uns tagsüber am liebsten in die sonnendurchflutete Küche oder abends an den schön beleuchteten Esstisch. „Schön hell hier!" oder „Tolles Licht!" sind Ausrufe, die beim Betreten von hellen oder lichtdurchfluteten Räumen vorkommen. Sie zeigen, wie wichtig Licht für die Raumgestaltung ist.

Es geht allerdings nicht darum, einfach nur möglichst viel Licht in einen Raum zu bringen. Ich erkläre es einmal an einem Beispiel: Wenn wir in einem Café die Wahl haben zwischen zwei Tischen, einer am Fenster mit viel Licht, und der andere eher zurückgezogener und dunkler, dann wissen wir norma-

lerweise instinktiv an welchem wir lieber sitzen möchten. Die Entscheidung hängt individuell sowohl von unserer momentanen Stimmung als auch vom Grund ab, warum wir im Café sind. In bestimmten Situationen möchten wir direkt am Geschehen teilhaben, in anderen lieber zurückgezogen etwas in Ruhe besprechen. Dieses Beispiel zeigt uns schnell, dass wir grundsätzlich zwar helle Räume, je nach Situation aber unterschiedliches Licht bevorzugen.

Abgesehen von der Stimmung brauchen wir Licht aber auch um den Raum überhaupt so richtig funktional zu machen. Die schön gestaltete Leseecke nutzt Ihnen nichts, wenn Sie dann dort am Abend nicht lesen können, einfach weil es keine Lampe gibt.

Obendrein kann Licht bestimmte Dinge in einem Raum hervorheben, Bereiche und Funktionen definieren, und sogar Raumformen optisch beeinflussen. Es leuchtet sie sozusagen aus, strahlt sie an und lädt ein, diese Bereiche anzusehen oder zu nutzen.

Licht hat also viele unterschiedliche Aufgaben in unserem Wohn-Leben: Es sorgt für die gewünschte Stimmung, macht Räume funktional, definiert Bereiche und hebt Dinge hervor. Obendrein trägt es dazu bei, Räume größer wirken zu lassen. Mit diesem Wissen ausgestattet ist es nur logisch, dass wir bei unserer Raumgestaltung Licht für alle diese Dinge brauchen und bewusst einsetzen sollten.

Licht macht Stimmung. Auch am Tag. Machen Sie die Probe:

Hier ist das Licht aus...

... und hier an. Was gefällt Ihnen besser?

So einfach gelingt der Einsatz von Licht:

Bedenken Sie bei der Raumgestaltung, dass es zwei Lichtquellen gibt die wichtig für Sie sind: natürliches und künstliches Licht.

Natürliches Licht zieht uns an.   *Natürliches Licht durch einen Spiegel.*

Natürliches Licht:

- Grundsätzlich lieben wir natürliches Licht und sollten dieses versuchen zu maximieren.

- Natürliches Licht macht einen Raum freundlich und lässt ihn größer wirken.

- Achten Sie bewusst darauf, natürliches Licht nicht durch viele Gardinen, Jalousien oder Rollos etc. auszusperren.

- Montieren Sie Gardinenstangen so, dass die Gardienen soweit aufgezogen werden können, dass tagsüber das ganze Fenster frei ist.

- Leichte Stoffe und helle Farben vereinnahmen optisch das wenigste Licht und maximieren damit das Gefühl von Helligkeit im Raum.

- Glänzende und glatte Oberflächen wie Glas, Lack, Metalle, Spiegel etc. reflektieren Licht, schicken es im Raum umher und multiplizieren es.

- Strategisch aufgehängte Spiegel können viel Licht in Teile eines Zimmers bringen, das sonst kaum natürliches Licht hätte.

- Helle Teppiche, Möbel und Bilder maximieren ebenfalls natürliches Licht.

Künstliches Licht:

- Beim Einsatz von künstlichem Licht stellen Sie sich die Frage, wofür es dienen sollte? Welche Funktion muss es erfüllen? Und zu welcher Tageszeit?

- Sie benötigen in Wohnräumen immer drei verschiedene Arten von Lichtquellen: Eine Grundbeleuchtung, Leuchten passend für die benötigten Funktionen wie Lesen etc. und sogenannte Akzentleuchten, um geliebte Dinge anzustrahlen, Ecken auszuleuchten und die verschiedenen Bereiche in einem Raum zu definieren.

- Beginnen Sie mit der Grundbeleuchtung. Auch wenn die Deckenleuchte heute nicht mehr die hauptsächliche Lichtquelle in einem Raum ausmachen sollte, brauchen Sie in jedem Fall eine Lampe, die möglichst sofort beim Betreten mit einem Lichtschalter eingeschaltet werden kann. Dies ist häufig noch die Deckenleuchte.

- Nun bestimmen Sie einzelne Bereiche bzw. Funktionen im Raum und beleuchten jede Zone mit mindestens einer Leuchte, z. B. mit einer Leselampe für die Leseecke, einer Leuchte für den Essbereich, einer Lampe auf dem Schreibtisch etc.

- Achten Sie darauf, dass die jeweilige Lampe die Funktion auch wirklich möglich macht und hell genug dafür ist.

- Zum Schluss sehen Sie sich den Raum an und fragen sich: Gibt es noch Bereiche in denen Licht fehlt? Die dunkel wirken wie z. B. eine Ecke, der Bereich über einem Sideboard oder die Sitzecke zum Fernsehen? Stellen Sie hier Lampen (= Akzentleuchten) auf, die eine schöne Stimmung zaubern: Leuchten links und rechts vom Sofa, im Eingangsbereich, in der Nähe der Sitzgelegenheit usw. Diese Lampen müssen nicht wirklich hell sein. Sie sind es, die zusätzliche Stimmung zaubern.

- Versuchen Sie Akzentleuchten in einem Dreieck aufzustellen. So haben sie die größte Wirkung. Sollten Sie nur zwei Lampen nutzen sind diese diagonal aufgestellt effektiver als in einer geraden Linie.

 Künstliches Licht, das sich über die drei Arten der Lichtquellen verteilt, erzeugt so gut wie automatisch eine wohnliche Atmosphäre, denn es erzeugt unterschiedliche Schatten und wirkt so gemütlicher.

Atmosphäre durch Leuchten.

Die Hängeleuchte ist für den gemütlichen Ausklang zu hell. Also kommt eine kleine, passendere Funktionsleuchte dazu.

Licht maximiert: natürliches und künstliches!

Hier wurde eine Funktionsleuchte am Leseplatz und eine Akzentleuchte neben dem Spiegel eingesetzt.

Weitere Tipps für den Einsatz von Leuchten:

- Ein schmaler Raum erscheint breiter, wenn links und rechts in den Ecken Leuchten platziert werden.

- Lampen können den Stil eines Raumes beeinflussen oder diesem einen Stil geben.

- In Badezimmern kann zu wenig Licht durch Steckdosenlampen ausgeglichen werden.

- Wenn Sie über dem Essbereich keinen Lichtauslass haben, können Sie auch eine schöne Bogenlampe nutzen.

- Achten Sie darauf, dass eine Hängelampe über dem Esstisch nicht zu hoch hängt. Normalerweise ist eine Höhe von ca. 60 – 90 cm über dem Esstisch ideal.
- Achten Sie besonders im heutigen Zeitalter von LED Lampen darauf, dass Sie Leuchtmittel mit der „richtigen", also gewünschten und passenden, Leuchtfarbe nutzen. Sehr weißes, kaltes Licht hilft Ihnen sicher bei Büroarbeiten, erzeugt aber abends keine gemütliche Stimmung im Wohnzimmer. Warmes, gelbliches Licht sorgt für Entspannung und Gemütlichkeit.
- Gute Stimmung gibt auch indirektes Licht, das über die Decken in den Raum zurück reflektiert wird, wie z. B. durch Deckenstrahler.
- Lampen, die sich dimmen lassen, sind vielseitig einsetzbar.

TIPP

Stellen Sie eine Leselampe nie in die Mitte des Beistelltisches, sondern rücken Sie diese näher an den Lesesessel. Das wirkt gemütlicher.

Wenn eine Lampe optisch oder für eine Funktion eigentlich nicht hoch genug ist, dann stellen Sie diese zum Beispiel einfach auf einen Stapel Bücher.

Stellen Sie eine Lampe hinter eine Pflanze und kreieren Sie so, durch Lichteffekte an der Wand, eine ganz besondere Stimmung.

Kleiner Zwischenstopp mit Checkliste

Geschafft! Das war es für die Möbel! Treten Sie jetzt einmal zurück und sehen Sie sich Ihr Werk an. Wie fühlt er sich an – Ihr Raum? Harmonisch, gemütlich und vor allem so, dass Sie alles darin machen können, was Sie sich gewünscht haben? Dann haben Sie wirklich einen Grund zur Freude. Ein solcher Raum wird Ihnen jeden Tag das Leben ein bisschen schöner machen.

Fehlt noch etwas? Dann überprüfen Sie Ihren Raum mit dieser kleinen Hilfe:

Checkliste

- Gehen Sie im Raum umher und testen Sie den sogenannten „Fluss durch den Raum". Können Sie problemlos den Raum betreten und verlassen? Kommen Sie an die Fenster? Kommen Sie problemlos zu den verschiedenen Bereichen?
- Kann der Raum so genutzt werden, wie Sie und Ihre Mitbewohner es sich gewünscht haben? Funktionieren die Möbel gut in ihrer jetzigen Aufstellung? Oder sollten sie noch ein wenig dichter oder zueinander gerückt werden?
- Ist der Lieblingssessel zum Fernsehen ausgerichtet?
- Gibt es genügend Sitzplätze für alle?
- Gibt es eine Lampe auf dem Schreibtisch und am Lesesessel?
- Ist der Raum ausbalanciert? Oder sind auf einer Raumseite zu viele und auf der anderen kaum Möbel?
- Gibt es einen Ort zum Unterhalten?
- Gibt es mindestens einen Lieblingsplatz (oder sogar mehrere)?
- Fehlt sonst noch etwas? Vielleicht ein Raumteiler, eine Pflanze oder eine Stehlampe?
- Wäre eine zusätzliche Abstellmöglichkeit für eine Kaffeetasse oder ein Weinglas schön?
- Ein weiterer Teppich?
- Probieren Sie solange verschiedene Positionen aus, bis alle Möbel an die richtige Stelle gerückt sind und sich alles für Sie gut anfühlt.

Herzlichen Glückwunsch! Mit einer guten Möbelpositionierung haben Sie die Grundlage für eine tolle Raumgestaltung geschaffen. Jetzt kann der Rest folgen.

FARBEN, FÜHLEN, HÖREN

SCHRITT 4

FARBEN, FÜHLEN, HÖREN

Die Basis für Ihren Raum ist mit der Möbelplatzierung geschafft. Nun ist es an der Zeit sich sinnlichen Dingen im Raum zuzuwenden. Wir beginnen mit einem meiner Lieblingsthemen, den Farben.

FARBEN

Bunt, neutral oder von jedem ein bisschen? Jetzt sollten Sie sich für Ihre Farben im Raum entscheiden.

Vielleicht fragen Sie sich: Warum eigentlich? Kann ich nicht einfach die Gegenstände nehmen, die mir gefallen? Warum sollte ich mich einschränken? Der Grund ist, dass Farben einen starken Einfluss darauf haben, wie wir uns in einem Raum fühlen. Farben die so ausgewählt sind, dass sie zu der von uns gewünschten Stimmung passen, erhöhen deshalb den Wohlfühlfaktor stark.

Auch optisch gibt ein perfekt eingehaltenes Farbschema einem Raum ein Gefühl von Stimmigkeit. Abgestimmte, gemeinsame Farben geben uns das Gefühl, dass alles zusammengehört und eine Einheit bildet.

Keine Sorge, auch wenn es sich ein wenig technisch anhört, es ist gar nicht schwer Farben harmonisch miteinander zu kombinieren. Sie benötigen nur ein wenig Grundwissen.

Die Basis

Wie schon erwähnt, haben Farben einen Einfluss auf unsere Gefühle. Und zwar immer. Wir können uns der Wirkung von Farben nicht entziehen: Sie können uns entspannen, ein Gespräch oder unseren Appetit anregen. Wir alle haben Lieblingsfarben und lehnen andere ab.

Diese Reaktionen sind etwas ganz Persönliches. Sie sind gelernt, geerbt und geprägt durch eine Menge Dinge wie persönliche Neigungen, unser Alter, Geschlecht, Bildung, vergangene Erfahrungen, Trends, das Land und das Klima in dem wir uns befinden.

Es ist sogar so, dass wir Farben körperlich erleben. Führt man z. B. einen Menschen mit verbundenen Augen in einen blau gestrichenen Raum, sinkt seine Körpertemperatur. In einem rot gestrichenen Raum steigt sie, ohne dass wir die Farbe sehen.

Wenn aber Farben etwas so persönliches sind, wie schaffen Sie es dann, dass sich alle Bewohner im Raum wohlfühlen? Und wie finden Sie heraus, welche Farben welche Reaktionen auslösen? Woher wissen Sie, welche Farben zueinander passen?

Wir bearbeiten dieses komplexe Thema im Rahmen Ihres Redesign Projektes unter den drei Aspekten:

Farben in anderen Ländern:
Dort wo die Sonne viel scheint,
sind Farben meistens besonders intensiv.

1. Die Wirkung von Farben im Allgemeinen.
2. Das Erstellen eines harmonischen Farbschemas.
3. Tipps für den Einsatz von Farben,
   um einen Raum optisch und in der Wirkung zu verändern.

TIPP Farben sind ein sehr spannendes Thema. Für diejenigen, die sich intensiver damit beschäftigen möchten, wird das Buch „Wohlfühlfaktor Farbe" empfohlen (erschienen im Blottner Verlag). Das Buch habe ich gemeinsam mit meiner Kollegin Wiebke Rieck geschrieben. Dort finden Sie viele weitere Informationen und eine große Fülle an Tipps.

1. Die Wirkung von Farben im Allgemeinen

Farben setzen sich aus sogenannten Primär-, Sekundär- und Mischfarben zusammen.

Die Primärfarben sind die drei Grundfarben: Gelb, Rot, Blau.
Man nennt sie so, weil sich aus ihnen alle anderen Farben mischen lassen. Z. B. entsteht aus einer Mischung der beiden Primärfarben Gelb und Blau die Farbe Grün, aus Rot und Gelb wird Orange und aus Rot und Blau wird Lila bzw. Violett.

Die aus den Primärfarben entstandenen Farben nennt man Sekundärfarben.
Werden nun wiederum gleiche Anteile einer Primärfarbe mit einer benachbarten Sekundärfarbe vermischt, so entsteht eine sogenannte Tertiärfarbe, z. B. wird aus Rot und Orange dann Rot-Orange.

Auf diese Weise können unendlich viele Farbnuancen und ganze Farbfamilien entstehen.

Diese entstandenen Farben können durch das Beimischen von Schwarz, Weiß oder Grau weiter verändert werden. Durch das Beimischen von Weiß werden Farben heller, durch Schwarz dunkler und durch Grau gedeckter, also weniger intensiv in der Wirkung.

So können wir durch diese sogenannten unbunten Farben (Schwarz, Weiß und deren Mischungen, also allen Grautönen) Farben in ihrer Wirkung neutralisieren. Damit machen wir sie zugänglicher für Menschen, die auf diese Farben sonst negativ reagieren. Ein ganz gedämpftes Orange, das schon fast Braun wirkt, wird von mehr Menschen akzeptiert als ein intensives, grelles Orange.

Warme und kalte Farben

Grundsätzlich teilt man Farben in ihrer Wirkung in warme und kalte Farben auf.

Als warme Farben gelten Rot, Orange, Gelb und einige Grüntöne. Als kalte Farben gelten: Blau, Violett und einige Grüntöne.

Metalle wirken unterschiedlich. Kupfer, Messing und Gold gelten als warm in der Wirkung. Chrom, Silber und schwarz gestrichene Metalle als kühl.

Holz gilt großenteils als neutral in der Farbe, hat aber meistens einen wärmenden Effekt. Eine Ausnahme sind hier dunkel lackierte Hölzer mit sehr glatten Oberflächen.

Warme Farben wirken belebend, kalte Farben gelten als beruhigend.

Genau richtig bei so viel wärmendem Holz: kühles Blau und Violett.

Ein kühles Badezimmer wird...

mit Accessoires farblich aufgewärmt (und modernisiert).

Neutrale Farben

Taupe, Braun, Grau, Schlamm, Schwarz, Weiß & Co...

In der Raumgestaltung spielen sogenannte neutrale Farben eine besondere Rolle. Sie gelten als neutral, da sie nicht intensiv sind. Sie sind zeitlos, passen zu jedem Stil und haben einen beruhigenden Effekt. Neutrale Farben sprechen so die größtmögliche Gruppe von Menschen an.

Als neutrale Farben gelten Schwarz, Grau, Braun und Weiß – und alle Mischungen die aus ihnen entstehen, sowie auch alle Farben mit einem sehr hohen Weiß-, Schwarz- oder Grauanteil. Das bedeutet, dass jede Farbe zu einer Neutralfarbe werden kann.

Wunderschön: Neutrale Farben und viele unterschiedliche Materialien.

Welche Farben eignen sich für welche Wohnbereiche?

Dies entscheidet sich je nach der Stimmung, die Sie im jeweiligen Zimmer haben wollen. Die Farbwahl wäre also eine andere, wenn Sie viele Aktivitäten wünschen, als wenn der Raum hauptsächlich zum Entspannen dient.

Als Hilfe finden Sie hier eine Liste mit einigen Farben und deren Wirkungen auf den jeweiligen Raum. Ich möchte Sie hier nicht zum Streichen Ihrer Wände auffordern. Hier bekommen Sie lediglich ein paar Hintergrundinformationen, um sich bewusst für Farben zu entscheiden, die dann die Stimmung schaffen, die Sie sich wünschen.

ORANGE gilt im Wohnbereich als Farbe für Fröhlichkeit und Unbeschwertheit. Sie fördert Geselligkeit und Unterhaltung. Orange ist daher gut für Küchen und Wohnzimmer geeignet.

GELB heitert die Stimmung auf, fördert die Geselligkeit und ist gut für Räume in denen viele Menschen gesellig zusammentreffen. Gelb wird daher oft im Eingangsbereich oder in Büros genutzt.

BRAUN und Brauntöne geben ein Gefühl von Gemütlichkeit und Wärme. Braun ist eine neutrale Farbe und funktioniert daher in allen Räumen. Gemischt mit Grau und in hellen Varianten ist es eine moderne Farbe, die sich mit allen anderen Farben kombinieren lässt und so kühlend oder wärmend wirken kann. Braun ist entspannend und daher eine gute Wahl für überarbeitete Menschen.

BLAU wird häufig mit dem Meer in Verbindung gebracht und gibt Räumen ein Gefühl von Frische. Wegen seiner entspannenden Wirkung wird Blau gerne als heller Ton und in Verbindung oder gemischt mit Grau in Schlafzimmern verwendet.

GRÜN erinnert uns an die Natur. Grün ist in jedem Raum einsetzbar, da es uns als intensive Farbe erfrischen und in weniger intensiven Varianten wie Moosgrün, oder als Salbeiton entspannen kann. Grün ist die Farbe, die uns visuell am wenigsten ermüdet.

ROT zieht die Aufmerksamkeit auf sich. Rot wird sehr persönlich empfunden und entweder als leidenschaftlich oder auch als aggressiv von Menschen wahrgenommen. Daher empfehlen sich Rottöne in Räumen, die von vielen Menschen genutzt werden. Rot kann entweder als Akzentfarbe oder als heller oder trüber Ton oder aber in Kombination mit neutralen Farben wie Grau, Taupe oder Braun eingesetzt werden.

VIOLETT ist eine Farbe, die von Männern häufig abgelehnt wird. Als sehr heller (und damit fast neutraler) Ton kann es in Schlafzimmern oder auch in Wohnzimmern eingesetzt werden. Violett wirkt sehr feminin und sollte dann mit Elementen wie dunklem Leder etc. kombiniert werden.

WEISS ist neutral und ein zeitloser Klassiker. Weiß gilt als Farbe der Sauberkeit und wird daher gerne in Bädern eingesetzt. Weiß eignet sich hervorragend als Hintergrundfarbe für bunte Farbschemen und in Kombination mit Holz.

GRAU ist als neutrale Farbe extrem vielseitig einsetzbar. Es verändert die Wirkung einer zweiten Farbe nicht und ist damit hervorragend für Farbkombinationen einsetzbar. Grau lässt sich in vielen Variationen einsetzen wie Anthrazitgrau, Taubengrau, warme Taupe etc.

TIPP: Natürlich bedeutet dies nicht, dass Sie in Ihrem Raum auf Ihre Lieblingsfarben verzichten müssen. Diese Informationen sollen Ihnen lediglich bewusst machen, dass die Farben Ihrer Dekoration, Wandgestaltung, Teppiche und Möbel die Stimmung in Ihrem Raum wesentlich mitbestimmen. Sollte es nicht so wirken wie Sie es sich wünschen, überprüfen Sie doch einmal, ob es an den Farben liegen könnte.

Orange versprüht viel Energie und ist daher für das Schlafzimmer untypisch. Hier war es so gewünscht und es ist deshalb eine gute Entscheidung, die Wand zu wählen, die beim Schlafen nicht gesehen wird.

Das Gegenteil: Neutrale und kühle Töne sorgen für ein Gefühl der Weite. Naturmaterialien und Licht geben Wärme.

Jetzt kennen Sie Grundsätzliches über die Wirkung von Farben und die Stimmung, die sie in uns auslösen. Kommen wir nun dazu, wie Sie diese optimal mit einem Farbschema kombinieren könnten.

Was ist ein harmonisches Farbschema und wie wird es erstellt?

Stellen Sie sich gerade wieder die Frage, ob das denn wirklich notwendig ist? Vor allem, wenn Sie doch schon die Farben der Wirkung entsprechend ausgesucht haben. Die Antwort hier ist wieder ein ganz klares JA!

Ein den Designregeln entsprechendes Farbschema ist einer der effektivsten Wege einem Raum Stimmigkeit, den WOW-Faktor und Wohlfühlgefühl zu geben. Deshalb ist ein bewusstes Farbschema IMMER die Mühe wert.

Versuchen Sie es einfach. Sie werden überrascht sein, welche Farben gut miteinander harmonieren und wie Farben, die eventuell nicht jeder Mitbewohner liebt, so gekonnt integriert werden, dass sich am Ende alle wohlfühlen.

Zuerst die Theorie, dann die Umsetzung

Um eine Auswahl zu treffen, müssen Sie zuerst einmal wissen, welche Varianten möglich sind.

Hierzu nutzen wir unseren Farbkreis vom Anfang. Noch besser geht es mit einem sogenannten Interior Design Farbrad. Damit geht das Erstellen von Farbschemen besonders leicht. Und es macht Spaß, mit den Möglichkeiten zu spielen.

 Im Blottner Verlag gibt es das FARBRAD speziell für das Erstellen von Farbschemen. Selbst Profis, die viel mit Farben arbeiten, nutzen ein Farbrad häufig, um sich die vorhandenen Möglichkeiten schnell und effektiv vor Augen zu führen.

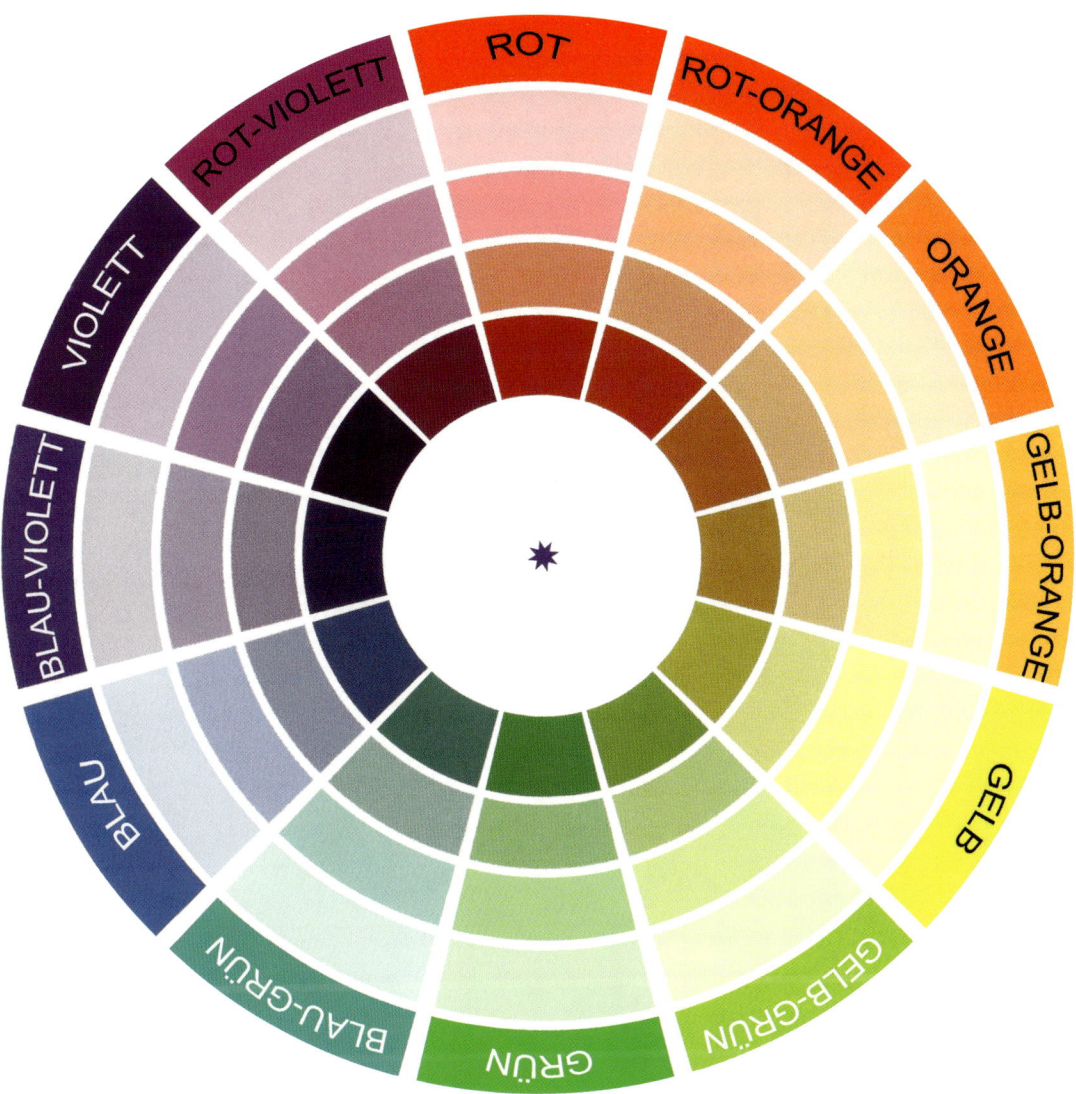

Die verschiedenen Farbschemen

Grundsätzlich gibt es **5 verschiedene Möglichkeiten**, die wir uns hier jetzt nacheinander ansehen. Hinweis: Wenn hier über Farben geschrieben wird, dann sind die sogenannten bunten Farben Rot, Blau, Gelb und ihre Mischungen gemeint.

Alle bunten Farben eines jeden Farbschemas können mit allen Abstufungen neutraler Farben (Weiß, Grau, Braun und Schwarz) kombiniert werden.

Möglichkeit 1:

Das monochrome Farbschema

Beim monochromen Farbschema wird im ganzen Raum nur eine einzige Farbe verwendet. Diese kann in allen Abstufungen, von ganz hell bis ganz dunkel oder trüb, im Raum eingesetzt werden. Dazu können Dinge in neutralen Farben kombiniert werden. Das monochrome Farbschema macht eine klare Aussage. Hier wird eine Farbe favorisiert, damit bestimmt sie die Stimmung des Raumes maßgeblich.

Ein häufiges monochromes Farbschema ist „Schwarz-Weiß". Ein schwarz-weißes Farbschema wäre gleichzeitig auch ein neutrales Farbschema, da weder Schwarz noch Weiß bunte Farben sind.

Ein monochromes Farbschema funktioniert z. B. sehr gut mit Blau- oder Grüntönen. Denken Sie an ein Zimmer, das im „Beachlook" ganz in Blau, Weiß und vielleicht Sandtönen eingerichtet ist.

Ein monochromes Farbschema sieht ausgewogen aus, braucht aber Spannung durch unterschiedliche Oberflächen und Materialien. Monochrome Farbschemen eignen sich für alle Wohnräume.

Das bedeutet, dass jede Farbe zu einer Neutralfarbe werden kann.

Monochromes Farbschema auf diesem Farbrad ist die Farbe Grün – in allen Schattierungen.

Schwarz-weißes Farbschema.

 Bei einem monochromen Farbschema sollte möglichst kein besonderes Möbel- oder Dekorationsteil hervorgehoben werden. Es geht hier um den Gesamteindruck.

Monochrom in Blau.

Monochrom in Violett, hier toll gemischt mit Braun.

Gelb und Grau. Wie gefällt Ihnen diese monochrome Kombination?

Möglichkeit 2:

Das komplementäre Farbschema

Beim komplementären Farbschema werden im gesamten Raum ausschließlich zwei Farben eingesetzt, die sich im Farbkreis direkt gegenüberliegen. Diese wären in unserem Beispiel Blau und Orange. Beide Farben können in allen Variationen eingesetzt werden.

> **TIPP**
> Da dieses Farbschema von Kontrasten lebt, ist es am effektivsten, wenn die Farben möglichst intensiv sind. Je mehr sie leuchten, je schöner ist die Wirkung. Sollten Sie keine intensiven Farben mögen, nehmen Sie einfach den gleichen Grad an Strahlkraft, aber in einer abgeschwächten Stufe.

Das komplementäre Farbschema besteht aus großen Kontrasten. Es funktioniert besonders gut, wenn eine Farbe in der Masse dominiert und die komplementäre Farbe mit Akzenten Kontraste setzt. Das komplementäre Farbschema eignet sich gut für Wohnräume in denen Sie aktiv sein wollen, z. B. die Küche.

> **TIPP**
> Womöglich denken Sie, dass Sie dieses Farbschema niemals einsetzen würden. Vielleicht versuchen Sie es einfach mal nur anhand von Deko. Sie werden merken, dass das komplementäre Farbschema Ihrem Raum ein Gefühl von Energie, Fröhlich- und Lebendigkeit gibt.

Komplementäres Farbschema auf diesem Farbrad sind die Farben Blau und Orange – in allen Schattierungen.

Passt im Kinderzimmer super – komplementäre Farben

Möglichkeit 3:

Das gesplittete Farbschema

Beim gesplitteten Farbschema werden im gesamten Raum ausschließlich drei Farben eingesetzt: Eine Hauptfarbe und die beiden Farben die links und rechts von der Komplementärfarbe liegen. In unserem Beispiel wären dies Türkis und Rot und Orange, die Farben des Split-Komplementären Farbschemas. Auch hier können die Farben in allen Schattierungen eingesetzt werden.

Das gesplittete Farbschema wird durch seine Kontraste lebendig. Es wirkt am schönsten, wenn die Hauptfarbe (in unserem Beispiel Türkis) im Raum dominiert und die gesplitteten Komplementärfarben Rot und Orange als Akzente eingesetzt werden.

Noch effektvoller wird dieses Farbschema, wenn zusätzlich die dominierende Farbe ein intensiv leuchtender Ton ist.

Das gesplittete Farbschema ist weniger „aggressiv" als das komplementäre Farbschema und eignet sich daher auch gut für Wohnräume, in denen entspannt werden soll.

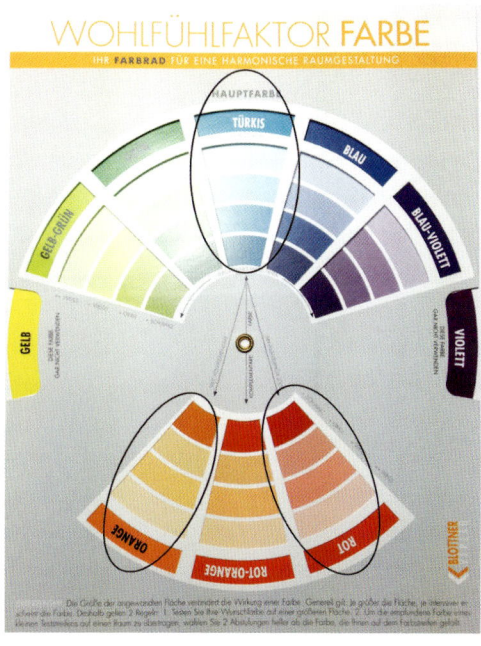

Hier muss die auffällige Fensterfarbe in Betracht gezogen werden. Da aber warme Farben für den Winter gewünscht wurden, war das Split-Komplementäre Farbschema mit Türkis, Rot und Orange genau richtig.

TIPP Vermeiden Sie bei diesem Farbschema Brauntöne. Zu viel Braun kann hier leicht langweilig oder sogar öde wirken.

Möglichkeit 4:

Das verbundene Farbschema

Beim verbundenen Farbschema können im gesamten Raum bis zu fünf Farben eingesetzt werden. Möglich sind aber auch nur zwei, drei oder vier Farben. Diese müssen im Farbrad nicht zwingend direkt nebeneinanderliegen. Bei unserem Beispiel könnten dies z. B. lediglich Gelb und Blau sein oder jegliche Kombination der fünf gezeigten Farben.

Dieses Farbschema wird auch harmonisches Farbschema genannt. Es bringt Farbe in einen Raum, kann gleichzeitig aber auch eine beruhigende Stimmung schaffen. Die verbundenen Farben wirken umso schöner, wenn entweder ihre Leuchtkraft gleichwertig oder ähnlich ist, oder nicht mehr als drei direkt nebeneinanderliegende Farben angewandt werden. Es kann in allen Wohnräumen angewendet werden.

Die Intensität der Farben bestimmt, ob der Raum zu Aktivitäten einlädt oder eher entspannend ist.

Hier wurde Gelb und Blau mit vielen neutralen Tönen gemischt. Hier befinden wir uns am äußersten Spektrum des harmonischen Farbschemas. Fühlt es sich so harmonisch an?

> **TIPP**
>
> Sehr effektvoll ist dieses Farbschema, wenn Sie eine dominierende Hauptfarbe und zwei direkt danebenliegende weitere Farben kombinieren.
>
> Vermeiden Sie hier kalte und warme Farben gleichzeitig zu nutzen und beschränken Sie sich entweder auf warme oder kalte Töne.

Meisterlich sind die Farben Türkis und Gelb-Orange hier verbunden worden. Da die Wände den Raum farblich dominieren, darf das Gelb-Orange in den Dekorationen deutlich hervortreten.

Dekomix in Blau-Grün. Auch das ist ein harmonisches Farbschema: Zwei Farben die nebeneinanderliegen.

Schön harmonisch: fünf verschiedene Rottöne.

Möglichkeit 5:

Das neutrale Farbschema

Beim neutralen Farbschema gibt es im gesamten Raum ausschließlich neutrale (also unbunte) Farben. Komplett neutral eingerichtete Räume haben eine Vielzahl an Möglichkeiten in ihrer Wirkung: Sie können elegant oder entspannend wirken, förmlich oder informell sein.

Wenn Sie einen Raum in rein neutralen Farben einrichten möchten, dann ist es wirklich wichtig auf unterschiedliche Oberflächen und Materialien zu achten. Der Raum kann sonst leicht langweilig wirken. Achten Sie also darauf, dass sowohl glatte als auch raue Elemente im Raum vorhanden sind. Zum Beispiel bringen grobe Leinenstoffe als Gardinen, schöne Wollteppiche, Kaschmir-Decken, Samtkissen und Silberleuchter Spannung in den Raum. Sie geben zusätzlich ein Gefühl von Luxus. Auch dies ist ein wichtiger Aspekt für einen „unbunten" Raum. Grundsätzlich gilt: Je weniger Farbe in einem Raum vorhanden ist, je offensichtlicher werden die Materialien. Hochwertigkeit zahlt sich hier aus.

Holz in allen Abstufungen ist ein toller Partner für ein neutrales Farbschema.
Das neutrale Farbschema kann in allen Zimmertypen eingesetzt werden.

**Wie anfangs schon einmal erwähnt, können neutrale Farben zu allen Farbschemen dazu kombiniert werden.
Auch Zimmerpflanzen, ungefärbtes Glas und Holz müssen bei einem Farbschema nicht beachtet werden. Sie alle gelten als neutral.**

Fast neutral, wenn das bisschen Blau im Kerzenständer nicht wäre.

Farben in allen Schattierungen. Farben der ersten Reihe oben und Farben der letzten unteren Reihe sind neutrale Farben.

Hier ist alles neutral, bis auf die Zitronen in der Schale. Durch die unterschiedlichen Oberflächen und Materialien wirkt der Raum trotzdem nicht langweilig, sondern sehr spannend.

Meisterlich umgesetzt von Joseph Johnson. Neutrale Farben pur.

Jetzt kennen Sie die fünf gängigsten Farbschemen, die bei einer Raumgestaltung genutzt werden.

Fassen wir noch einmal zusammen: Farben können die gewünschte Funktion eines Raumes entweder unterstützen oder auch behindern. Wenn beides zueinander passt, werden Sie sich instinktiv wohlfühlen.

Eigentlich gar nicht so schwer, oder? Dann wenden Sie das Ganze jetzt auf Ihren Raum an. Die nachfolgende Checkliste hilft Ihnen dabei.

 Suchen Sie so lange, bis Sie ein Farbschema finden, mit dem Sie sich wirklich wohlfühlen. Es ist die Mühe wert. Versprochen.

So einfach gelingt das Entwickeln Ihres Farbschemas:

- Betrachten Sie Ihren bisherigen Raum und fragen Sie sich: Gibt es eine Farbe, die am häufigsten vorhanden ist? Gibt es eine Farbe, die vielleicht sogar den Raum, zumindest bisher, regelrecht dominiert?
Wenn ja, notieren Sie diese Farbe auf einem Zettel.

TIPP

Das geht noch leichter, wenn schon alles aus dem Raum geräumt und schon an einem Ort nebeneinandersteht.

Sie können auch pro vorhandener Farbe je ein Teil nehmen und dieses auf einen neutralen und hellen Untergrund (am besten grau), wie einen Teppich oder einem Laken legen. So sehen Sie sofort, ob eine Farbe nicht zu den anderen passt. Und Sie sehen, ob Ihnen z. B. etwas Wärme fehlt.

Hinweis: Für die Ausarbeitung eines Farbschemas notieren wir ausschließlich bunte Farben. Neutrale Farben müssen nicht aufgeschrieben werden, da sie in der Kombination mit bunten Farben immer passen.

- Überprüfen Sie jetzt, ob es eine Farbe gibt, die nicht verändert werden kann, wie z. B. ein farbiges Sofa, das Sie unbedingt im Raum haben wollen, einen Lieblingsschrank oder im Bad eine farbige Toilette etc. Wenn es so etwas gibt, dann notieren Sie sich wieder diese Farben auf dem Zettel.

- Gibt es farbige Wände oder einen farbigen Teppichboden? Notieren Sie die Farbe.

- Betrachten Sie nun noch einmal ganz bewusst auch die vorhandenen Bilder, Wanddekorationen und die Deko. Achten Sie nur auf die Farben und lassen Sie alle anderen Faktoren außer Acht. Gibt es hier vielleicht eine (andere) Farbe die sofort heraussticht? Entweder weil diese häufig oder nur ganz selten vorhanden ist? Bitte notieren Sie die Farben auf Ihrem Zettel. Notieren Sie zusätzlich hinter den Farben: „häufig" oder „selten"!

- Die Analyse ist abgeschlossen. Nehmen Sie jetzt Ihren Zettel und versuchen Sie mit den notierten Farben eines der vorher beschriebenen Farbschemen zu bilden.

- Ist dies nicht möglich, versuchen Sie so viele Farben wie möglich in ein Farbschema einzubinden.

- Beginnen Sie mit der Farbe (oder Farben) die auf jeden Fall dabei sein muss (wie z. B. Ihr noch neuer Teppichboden).

- Diese Farbe ist sozusagen der Ausgangspunkt. Um diese Farbe bauen Sie Ihr Farbschema.

- Sobald das Farbschema entschieden ist, fliegen alle (!) Dinge raus, die nicht dazu passen.

- Glauben Sie daran: Dies ist einer der wichtigsten Tipps für einen stimmigen Raum.

- Und was machen Sie mit den Dingen die übrigbleiben? Suchen Sie für diese Schätze ein neues Zuhause in einem anderen Raum. Oder bewahren Sie alles gut auf und dekorieren öfter mal um, z. B. je nach Jahreszeit.

TIPP Da wir Menschen erfahrungsgemäß dazu tendieren immer wieder die gleichen Farben zu kaufen, werden wahrscheinlich weniger Dinge übrigbleiben als Sie denken. Sollten Sie dennoch ein Lieblingsteil in der „falschen" Farbe haben, überstreichen Sie es oder beziehen Sie es neu.

Hier ist der Teppichboden intensiv farbig. Durch die grauen Farben wirkt das Schlafzimmer viel entspannender.

Beispiel:

Küche in komplementären Farben

Hier sehen Sie ein Beispiel eines komplementären Farbschemas. Die lila Küche wirkt richtig schön poppig mit den gelben Akzenten.

Die Farben werden im Wohn- und Schlafzimmer weitergeführt.

Im Wohnzimmer gibt es mehr Gelb als Lila und viele neutrale Farben. So wirkt es gleichzeitig fröhlich und entspannend.

Im Schlafzimmer sind sowohl Lila als auch Gelb in großen Mengen vertreten. Da das Gelb aber sehr hell ist, wirkt es zart und fast wie eine neutrale Farbe.

Die Farbverteilung: 60-30-10

Nachdem Sie jetzt wissen, nach welchen farblichen Kriterien Sie Ihre Möbel, Lampen, Bilder, Deko & Co. aussuchen (und aussortieren), gibt es eine weitere Regel, die für einen farblich harmonischen Raum bedacht werden sollte: die 60-30-10 Regel.

Sicher kennen Sie auch Räume in denen man vor lauter Farbe fast „erschlagen" wird. Es ist einfach zu viel davon im Raum und obwohl Sie die vorhandenen Farben vielleicht sogar mögen, fühlen Sie sich im Raum nicht wohl.

Die 60-30-10 Regel hilft Ihnen dies zu vermeiden. Sie ist eine Faustregel die dabei hilft, die Menge an Farben, die von vielen Menschen als angenehm empfunden werden, in einem Raum harmonisch zusammenzufügen.

Die 60-30-10 Regel besagt, dass
- 60 % aller Dinge in einem Raum in neutralen, meist hellen Farben gestaltet sein sollten. Das sind im Allgemeinen die Wände und Decken.
- 30 % dunklere und kräftigere Farben sein können. Oft ist dies z. B. der Fußboden.
- 10 % intensive, bunte Farben sein können. Zum Beispiel Bilder, Deko, einige farbige Möbelstücke.

Vielleicht empfinden Sie diese Regel als sehr theoretisch? Zumindest ging es mir damals so, als ich die 60-30-10 Regel kennenlernte. Ich fragte mich, ob ich denn künftig mit dem Taschenrechner Farbanteile im Raum kalkulieren sollte? Natürlich ist dies nicht notwendig. Es ist eine Faustregel, die Ihnen als Leitfaden für Ihre Raumgestaltung dient.

Testen Sie diese Regel doch mal: Betrachten Sie Fotos von Räumen, die Ihnen gut gefallen. Erkennen Sie die 60-30-10-Regel?

Zuviel des Guten? In diesem Schlafzimmer können nur die wenigsten Menschen wirklich entspannen.

Das wäre eine entspanntere Variante, trotz des roten Fußbodens.

Hier wurde es den Bewohnern zu viel mit der Farbe. Sie fühlten sich erdrückt.

Hier dagegen kommt das Gefühl von Platz zurück. Eine sehr gute Beratung durch Redesignerin Iris Barwa.

Die Farbintensitäten

Abgesehen von der Farbverteilung wirken Farben, wie schon erwähnt, je nach Intensität bzw. Leuchtkraft unterschiedlich.

Auch dazu gibt es Regeln, die helfen, besonders harmonische Kombinationen zu bilden:
- Grundsätzlich ist es möglich, die Farbe eines Farbschemas in allen Varianten einzusetzen.
- Bei verschiedenen Farben in einem Raum wirken die Kombinationen immer dann besonders harmonisch, wenn die Farben einen ähnlichen Helligkeitsgrad und/oder einen ähnlichen Grauanteil haben.
- Zum Beispiel wirken mehrere intensiv leuchtenden Farben harmonischer, als wenn diese mit Pastelltönen gemischt sind.
- Es gilt die Faustregel: Je mehr Farben im Raum, je weniger unterschiedlich sollten sie in ihrer Wirkung sein.
- Besonders harmonisch erscheinen uns Farben, die eine gemeinsame Grundfarbe haben. Das sind die Farben, die im Farbrad direkt nebeneinanderliegen. Deshalb wird das verbundene auch „Harmonisches Farbschema" genannt.
- Im Gegenteil dazu beleben die Farben eines komplementären Farbschemas einen Raum.

Beachten Sie bei der Wahl der Farben auch den vorhandenen Bodenbelag. Hat dieser einen kühlen, harten Effekt wie z. B. Fliesenboden, dann würden kühle Farben einen fast steril wirkenden Raum ergeben. Hier wäre es sicher besser, warme Farben einzusetzen. Hat dagegen der Boden in einem großen Raum einen warmen Effekt, wie z. B. ein Holzboden in einem hellen warmen Ton, kann der Raum mehr kühle Elemente und Farben vertragen.

Durch den Einsatz von Teppichen in verschiedenen Farben des Farbschemas schaffen Sie einfach und klare Zonen für unterschiedliche Funktionen in einem Raum. So lässt sich z. B. auch ein sehr langer Raum optisch schnell verändern.

Farbe und Licht

Wie schon mehrfach erwähnt, ist die Wirkung einer Farbe immer sehr stark vom jeweilig vorhandenen Licht beeinflusst. Haben Sie im Urlaub in einem sonnenverwöhnten südlichen Land schon mal etwas Buntes gekauft? Ihnen hat die Farbe so gut gefallen, aber zurück in Deutschland empfanden Sie die Farbe plötzlich stumpf, billig, nichtssagend? Auf jeden Fall wirkte sie nicht mehr so strahlend wie noch im Urlaub – ist Ihnen das auch schon passiert? Die Farbe hat sich natürlich nicht verändert, sie wirkt nur viel dumpfer, weil nördliches Licht Farbpigmente komplett anders reflektiert als südliches.

Aus genau diesem Grund wirkt die tolle Wandfarbe des südlich ausgerichteten Wohnzimmers Ihrer Freundin bei Ihnen im Schlafzimmer ganz anders. Ihr Schlafzimmer ist nämlich Richtung Norden ausgerichtet und das Sonnenlicht fällt kaum durch die Fenster.

Da die Wirkung des Lichtes auf eine Farbe immer ein wenig überraschend bleibt, empfehlen auch Profis eine neue Farbe auf ein Stück weiße Tapete zu streichen und diese dann an verschiedenen Stellen im Zimmer aufzuhängen. Wie wirkt die Farbe in Ihrem Raum? Überprüfen Sie die Wirkung besonders während der Tageszeit, in der Sie das Zimmer nutzen wollen. Ein Zimmer im Westen hat wesentlich mehr Abendsonne als ein Ostzimmer. Hier gibt es ein ganz anderes Licht.

Auch hierzu habe ich Ihnen einige Tipps und Richtlinien aufgelistet.

So einfach gelingt der Einsatz von Wandfarben je nach Lichteinfall:

- Nach Osten ausgerichtete Räume strahlen morgens hell und wirken nachmittags kühler. In Ostzimmern wirken z. B. helle, kühle Grüntöne besonders schön. Möchten Sie Weiß streichen, nutzen Sie einen kühlen Weißton mit Blauanteil.

- Zimmer, die nach Westen ausgerichtet sind, haben morgens indirektes und nachmittags warmes Licht. Hier sind ein warmes Weiß, Orange- oder Rosétöne sehr schön, sowie alle Kombinationen aus ihnen wie Taupe mit einem Roséton etc.

- In nördlich ausgerichteten Zimmern oder auch in Zimmern, die kein Tageslicht haben, wie z. B. Flure, wirken Farben eher kühl und stumpf. Hier sind Farben mit viel Gelbanteilen vorteilhaft. Blau- und Grüntöne würden hier noch kühler wirken.

- Südzimmer haben intensives Licht und eine warme Atmosphäre. Farben leuchten hier. Deshalb kann hier fast alles eingesetzt werden. Sie sollten lediglich darauf achten, dass die Farbtöne nicht zu hell sind. Dann „blenden" sie eventuell oder wirken zu blass und Sie sehen die eigentliche Farbe nicht mehr.

FÜHLEN

Materialmix? Na klar!

Haben Sie sich für ein Farbschema entschieden? Klasse! Mit dem nächsten Thema, den Materialen und Oberflächen, können Sie ein wirkliches Wohlgefühl in Ihren Räumen schaffen. Auch die Materialien, die Sie in Ihrem Raum einsetzen, beeinflussen die Stimmung, den Komfort und insgesamt den Wohlfühlfaktor stark.

Die im Raum vorhandenen Materialien können, ähnlich wie Farben, einen Raum entweder warm oder kalt, hell oder dunkel wirken lassen. Oberflächen können Licht in einem Raum multiplizieren oder diesen optisch größer wirken lassen. Materialien machen einen Raum interessant oder langweilig, verstärken ein Designthema oder bilden einen Stilbruch dazu. Ein Raum fühlt sich komplett anders an, wenn darin viel Glas, Chrom und Leder vorhanden ist, als wenn Sie hauptsächlich Wolle, Baumwolle und Samt eingesetzt haben. Materialien entscheiden wesentlich mit, ob die Stimmung formal, entspannt oder gemütlich wird.

Da Sie die Materialien im Zimmer nicht nur ansehen, sondern auch fast täglich anfassen, sollten Sie diese nicht nur optisch attraktiv finden, sondern auch wirklich gerne mit ihnen in Berührung kommen. Wenn Sie z. B. ein Ledersofa wunderschön finden, aber niemand gerne auf Leder sitzt, weil es sich kalt anfühlt, sollten Sie das Sofa ersetzen oder zumindest eine Decke im Sitzbereich auslegen.

Materialien beeinflussen auch das Lichtgefühl in einem Raum. Ein Raum voller dunkler Sitzmöbel aus Samt und einer Eichenschrankwand fühlt sich wesentlich kleiner an als ein gleich großer Raum mit vielen Elementen aus Glas und Chrom.

Materialien sind also Raumverwandler. Suchen Sie deshalb bewusst in Ihrem Haus nach Dingen, die Ihnen die Stimmung geben, die Sie sich wünschen.

Materialien so richtig zum Wohlfühlen.

Allgemeines zu Oberflächen und Materialien:

- Es gibt harte und weiche Materialien.

- Als harte Materialien gelten Glas, Chrom, Stahl, Silber, Zement/Beton etc. Sie geben dem Raum ein eher kaltes Gefühl.

- Weiche Materialien wie Wolle, Filz, Samt, Felle, Holz, Sisal, Seegras, Kork und Dinge aus Korb, aber z. B. auch Metalle wie Kupfer und Messing geben einem Raum Wärme.

- Leder kann je nach Oberfläche, Verarbeitung und Farbe sowohl kühl (z. B. glatt und schwarz) als auch wärmend (z. B. rehbraun und Wildleder) wirken.

- Seide und Leinen können je nach Farbe und Verarbeitung entweder kühlend oder wärmend wirken. Glatte Seide ist als Kissen eher kühl in der Wirkung, kann aber als Wildseide einem Raum trotzdem viel Wohlfühlgefühl geben. Leinen dagegen wirkt im glatten Zustand eher kühl, z. B. als grober Stoff, mit einem Tau eingefasst und Holz umgeben aber auch warm.

- Daher gilt: Je glatter die Oberfläche, je kühler der Effekt. Je rauer die Oberfläche, je wärmender ist die Wirkung!

- Ähnlich ist auch die Wirkung von Materialien auf den Lichteinfluss: Je glatter und glänzender die Oberfläche, je mehr reflektiert und spiegelt diese das Licht im Raum und verstärkt damit das Gefühl von Helligkeit. Dies tun z. B. Spiegel, Glastische, Chromrahmen, Fliesen und glatte oder hochpolierte Möbel aus lackiertem Holz, Metalljalousien, Metalllampen, Bilderrahmen und Deko aus diesen Materialien.

- Glatte Oberflächen geben damit einem Raum auch das Gefühl von Weite.

- Raue, unglatte Materialien reflektieren kein Licht, sondern „schlucken" es.

- Somit kann ein Raum durch den Einsatz von vielen rauen Oberflächen dunkler oder auch etwas kleiner wirken.

- Raue Materialien sind z. B. raues Holz, Leinen, Wolle, Teppiche, Stoffgardinen und -rollos, gewebte Stoffe, Lampenschirme aus Stoff, Rattan, Bast, Deko und Bilderrahmen aus diesen Materialien.

Zwei weiche Materialien: Korb und weiche Stoffe.

Chrom ist kühl in der Wirkung. Messing, Gold und Kupfer dagegen wirken warm.

Warm und kalt: Ein Mix der gefällt!

Der tolle Mix an unterschiedlichen Oberflächen macht die Kissenauswahl so richtig interessant.

Ein schöner Mix für den Winter! Im Sommer wären diese Materialen undenkbar, oder?

So einfach gelingt der erfolgreiche Einsatz von Oberflächen und das Mischen von Materialien:

- Suchen Sie für Ihren Raum Materialien aus, die Ihnen die gewünschte Stimmung geben, wie z. B. weiche Materialien für ein Schlafzimmer, glänzende Dinge und Möbel für ein kleines Zimmer etc.

- Achtung: Gestalten Sie trotzdem einen Raum nie komplett nur mit einer Oberfläche oder mit einem Material wie glatt und glänzend oder nur rau, sondern mischen Sie immer beide Elemente.

- Am harmonischsten wirkt ein Raum, wenn sich die Oberflächen und Materialien ausgleichen. So wie ein runder Couchtisch die Wirkung eines eckigen Sofas ausgleicht, funktioniert es auch mit einem Stoffsofa und einem Glastisch. Oder kombinieren Sie zu einem glatten Ledersofa auf jeden Fall einen flauschigen Teppich und weiche Kissen etc.

- Teppiche und Gardinen sind immer eine tolle Wahl, wenn eine Möbelgruppe kühl und glatt ist, wie z. B. bei einem Esstisch aus Glas und Stühlen aus Chrom und Leder.

- Je neutraler ein Farbschema ist, desto mehr muss darauf geachtet werden, dass die Materialien und Oberflächen unterschiedlich sind. Sonst wirkt diese Einrichtung schnell langweilig.

Hier werden perfekt warmes Holz, der Stoffsessel und der Teppich mit kühlem Chrom gemischt.

Die große Spiegelfläche wird durch die warmen Materialien im Raum wieder aufgefangen.

TIPP Achtung auch bei Strukturtapeten. Diese schlucken häufig viel Licht und Platzgefühl.

Was für ein Materialmix: Holz, Glas, Stoffe, Wolle, Metalle, Perlmutt. Gefällt es Ihnen?

Materialmix der funktioniert.

Stilbruch, warum nicht?

In einem Interior Redesign Projekt sind Stilbrüche oft regelrecht notwendig, denn hier ist das Herzstück der Idee, so weit wie irgend möglich, mit bereits vorhandenen Dingen zu arbeiten. Sogenanntes „Auffrischen von Räumen" oder deren Um- und Neugestaltung fordert uns geradezu heraus, verschiedene Stile zu mischen und dem Gesamtbild so ein neues, meistens moderneres Aussehen zu verleihen.

ersten Blick vielleicht nicht zueinanderpassen. Was kann denn passieren? Nur, dass Sie sich doch anders entscheiden. Außerdem sind Sie mit dem Durchbrechen eines Konzeptes in guter Gesellschaft. Stilbrüche durch Bilder und Accessoires sind ein beliebter Trick der Designprofis, um einen außergewöhnlichen Raum zu schaffen.

Vergessen Sie nicht, dass es bei der Ge-

Ein Stilbruch ist immer Geschmackssache. Erlaubt ist was gefällt.

Ich persönlich liebe es, unterschiedliche Dinge verschiedener Stilrichtungen zusammenzustellen! In einer Wohnung oder einem Haus einheitlich dargestellter Stil ist ästhetisch und auch sehr schön. Ich bin aber auch der Meinung, dass ein Stilbruch sehr viel Persönlichkeit zeigen kann. Zumindest offenbart ein Stilbruch zwei Einrichtungsstile, die Sie mögen. Und individuell ist das Endergebnis mit Sicherheit auch.

Haben Sie Mut und versuchen Sie einfach mal Dinge zusammenzustellen, die auf den

staltung um Ihren Wohlfühlraum geht. In diesem ist immer erlaubt, was Ihnen und den Mitbewohnern gefällt. Wenn also der Sessel der Oma zu sonst nichts passt, Sie diesen aber unbedingt in Ihrem Wohnzimmer haben möchten, dann hat der Sessel alleine dadurch sozusagen „das Recht" im Raum zu sein. Stilbrüche sind sowieso Geschmackssache. Mir geht es bei den folgenden Tipps darum, Ihnen zu zeigen, wie Sie diesen Sessel selbstbewusst und mit Stil in Ihr Konzept integrieren können.

 Seien Sie mutig! Da Sie sowieso Dinge nutzen, die Sie schon besitzen und diese nichts kosten, können Sie scheinbar „verrückte" Möglichkeiten einfach einmal ausprobieren, wie z. B. sehr moderne Bilder in einen Raum mit traditionellen Möbeln zu hängen.

So einfach gelingen erfolgreiche Stilbrüche, ohne ein Sammelsurium im Raum zu produzieren:

- Bei Stilbrüchen ist es so ähnlich wie bei den Farbschemen:
  Ein Stil sollte klar sichtbar überwiegen.

*Modern mit traditionellem Holz –
die moderne Einrichtung überwiegt.*

- Versuchen Sie deshalb ganz bewusst Stilbrüche von Anfang an in Ihr Konzept einzubauen. Es ist wesentlich leichter bei der Auswahl der Oberflächen ein Möbelstück, wie einen Esstisch aus grobem Holz, bewusst in einen Raum zu stellen, in dem sich sonst lauter Lackmöbel befinden oder zum Glastisch mit den Metallbeinen Holzstühle zu kombinieren. Indem Sie Materialien bewusst mischen, achten Sie fast automatisch auf eine Balance im Raum.

- Grundsätzlich ist eine farbliche Gemeinsamkeit bzw. farbliche Einbindung der Stile in ein gemeinsames Farbkonzept der einfachste Weg, zwei Stile erfolgreich miteinander zu verbinden.

*Leder und Holz,
kombiniert mit modernen Accessoires.*

- Auch mit Mustern kann ein traditioneller Stil gut gebrochen werden, wie z. B. mit einem einzelnen grafischen Teppich. Hier lockert der Teppich den Raum auf und nimmt ihm die Strenge.

- Gemeinsamkeiten wie ähnliche Muster und Stoffe verbinden und ermöglichen z. B. „das Verheiraten" von traditionellen Möbeln mit modernen bzw. sehr unterschiedlichen Gegenständen.

Traditionelle Möbel im Mix mit modernem Stil.   *Gelungener Stilbruch durch die Farben.*

- Sehr erfolgreich funktioniert dies auch, wenn die Dinge ein gemeinsames „Thema" haben, wie z. B. Hunde, Reisen, Natur etc.

- Eine Einrichtung in rein neutralen Farben kann leicht mit einem farbigen Einzelstück, egal welcher Stilrichtung, gebrochen werden.

- Stilbrüche akzentuieren auf einfache Weise ein Lieblingsstück. Wenn nur Ihr Lieblingsteil aus der Reihe bricht, dann zieht es mit Sicherheit die Aufmerksamkeit auf sich. Sie stellen es damit so richtig auf die Bühne. Und warum auch nicht? Es ist schließlich etwas, das Ihnen sehr am Herzen liegt.

- Deshalb gilt auch hier: Weniger ist mehr. Je weniger Stücke den Stil durchbrechen, je effektvoller ist es.

- Stilbrüche sind meistens besonders effektvoll vor hellen Wänden.

TIPP

Versuchen Sie das Lieblingsteil optisch ein wenig mehr einzubinden, indem Sie es mit einem farblich passenden Stoff beziehen oder passend neu streichen.

Um Stilbrüche einfach mal auszuprobieren, eignen sich Dinge wie Kissen, kleine Möbel, Lampen und Teppiche besonders gut. Oft fallen sie nicht auf den ersten Blick auf und sind leicht auszutauschen.

- Raumteiler funktionieren wunderbar als Stilbrüche, wie z. B. eine Arbeitsecke mit glatten Regalen, glattem Schreibtisch, Lampe etc., in einem sonst kuschelig eingerichteten Raum.

Beispiele für Stilbrüche:
- Moderne und alte Möbel.
- Moderne Möbel und alte Lampen und Teppiche.
- Knallige Farben mit sonst eleganter Einrichtung.
- Art Deco und Industrielook.

HÖREN und Wohlfühlen: Akustik!

Nun haben Sie schon so viele Dinge bedacht und es kommt noch mehr: Auch unsere Ohren entscheiden darüber, wie wohl Sie sich in einem Raum fühlen. Verrückt? Nein, überhaupt nicht. Sie finden es doch sicherlich auch angenehmer in einem Raum zu sitzen, in dem Sie sich gerne mit anderen unterhalten möchten, wenn dieser Ort eine gewisse Ruhe ausstrahlt und nicht von einem Hallen-Charakter geprägt ist, in dem auch noch jedes Wort ein Echo ergibt? Oder von außen jedes Geräusch zu Ihnen nach innen ins Zimmer dringt? Wahrscheinlich würden Sie so einen Raum eher meiden. Sie merken also, dass die Akustik stimmen muss. Dies wird umso wichtiger, wenn mehrere Personen einen Raum gleichzeitig nutzen.

Leider wird oft ein Raum komplett eingerichtet und nachher wenig genutzt, weil der Geräuschpegel darin ein wirkliches Wohlgefühl nicht zulässt.

Gute Planung ist ganz besonders in Wohn- und Schlafzimmern, der Küche, aber auch in Fluren empfehlenswert, um das allgemeine Lautstärkeniveau Ihrer Familie zu reduzieren.

So einfach verbessern Sie die Akustik:

- Vereinfacht ausgedrückt gilt, dass große glatte Flächen Geräusche im Raum widerspiegeln und diese dadurch multiplizieren.

Solche Schränke sind zwar praktisch, leider für die Akustik aber nicht empfehlenswert.

- Das bedeutet, dass z. B. eine Wand, die aus Kleiderschränken mit Glasfronten (oder einer anderen glatten Oberfläche) besteht, Geräusche in den Raum zurückwirft. Besonders, wenn diese Schränke in einem Raum (z. B. an einer viel befahrenen Straße) direkt gegenüber dem Fenster stehen. Große glatte Flächen werfen den Lärm an die Fenster zurück und die Geräusche springen wie ein Ping-Pong-Ball im Raum umher.

- Es ist daher wichtig, große glatte Flächen bewusst zu unterbrechen und den Weg des Schalls aufzufangen.

Ein Raum mit langen glatten Wänden ohne Bilder, keine Gardinen und keine Teppiche. Diese Kombination verhinderte eine Wohlfühl-Akustik.

- Das geht einfach, indem Sie in jedem Raum weiche Gegenstände einsetzen. Gardinen, Kissen, Decken und ein Bettüberwurf sehen nicht nur gut aus, sie schlucken auch jede Menge Geräusche.

- Nutzen Sie Teppiche. Ganz besonders, wenn Sie sogenannte harte Fußböden wie Laminat, Fliesen oder auch Holzböden haben. Die großen Flächen des Bodenbelages sollten immer mit Teppichen (groß oder klein) unterbrochen werden.

Auch Papier hilft Schall zu schlucken.

- Teppiche tun noch mehr: Sie geben nicht nur Wohlfühleffekt, sondern schlucken auch alltägliche Geräusche der Bewohner wie das Ankommen, Weggehen, den Raum wechseln oder betreten etc.

- Nutzen Sie für einen geringeren Geräuschpegel lieber Gardinen statt Rollos oder Jalousien. Gardinen unterbrechen große Wandflächen, besonders auch große Glasflächen wie Fenster.

Ohne Stoffe und Teppiche hallt es.

- Bilder helfen durch unterschiedliche Oberflächen und unterbrechen die Wandfläche. Verzichten Sie hier bewusst auf Glasrahmen.

- Bilder, die in einer Gruppe in unterschiedlichen Höhen aufgehängt sind, verstärken den schallschluckenden Effekt.

- Bei sehr starker Geräuschbelastung helfen spezielle Geräusche schluckende Akustikbilder.

- Achten Sie generell auf unterschiedliche Oberflächen und Materialien im Raum und nutzen Sie hier lieber weniger Glas und Metalle.

- Glattes Leder schluckt wesentlich weniger Geräusche als z. B. Stoffsessel und -sofas.

Hier herrscht mit Sicherheit eine schöne Akustik.

- Pflanzen helfen den Schall zu unterbrechen und den Lärmpegel zu senken.

- Selbst Lampenschirme und Deko aus Stoff helfen, die Akustik zu verbessern.

Stoffe schlucken den Schall. Die großzügigen Gardinen und großen Kissen im Fenster gleichen die Glasfläche der großen Fensterfront, der glatten Oberfläche des Schreibtischs, der Lampen und des Sessels aus.

SCHRITT 5
DIE WÄNDE

Jetzt wird es individuell! Wände zu gestalten macht richtig viel Spaß, denn damit zeigen Sie auf den ersten Blick Ihre Persönlichkeit.

Bei der Wandgestaltung geschieht sehr viel mehr als nur leere Flächen zu füllen. Die Wände beeinflussen einen Raum optisch stark. Die Wirkung der Wände wird oft unterschätzt, denn die Wandgestaltung betont die so entstandene Atmosphäre oder verändert sie komplett.

Vorhandene gediegene Möbel in gedeckten Farben können durch poppige Kunst belebt, farbige Mustertapeten durch viel neutrale Dekoration beruhigt oder eine Wand kann durch Kunst zum hauptsächlichen Blickfang, dem Fokuspunkt, werden. Vieles ist hier möglich und zwar ganz so, wie Sie es mögen. Fangen Sie also an!

Zu diesem Zeitpunkt, während eines Redesign-Projektes werde ich oft gefragt, ob es nicht möglich ist, zuerst zu dekorieren und die Wände erst danach zu gestalten?

Natürlich ist es möglich einen Raum auch ohne Wandkunst weiter einzurichten. Da aber die Wandgestaltung einen wesentlich größeren Einfluss auf den Raum hat als die Dekorationen und bereits nur ein aufgehängtes Bild das Raumgefühl komplett verändern kann, müssten die Deko danach noch einmal angepasst oder sogar ersetzt werden.

In einem Interior Redesign Projekt bauen wir Schritt für Schritt (von groß auf klein) die Einrichtung auf. Alles unterstützt das bisher Vorhandene und am Ende entsteht so ein stimmiges Bild. Probieren Sie es daher einfach einmal in dieser Reihenfolge aus und vertrauen Sie diesem System. Vielleicht werden Sie feststellen, wie einfach eine Wandgestaltung sein kann, gerade weil sie vor der Dekoration stattfindet.

Gestaltete Wände schränken gedanklich unsere Möglichkeiten ein.

Merken Sie, wieviel offener Sie überlegen, wenn die Wände ganz leer sind?

Es müssen nicht immer nur Bilder sein

Was ist eigentlich überhaupt Wandkunst? Die Antwort darauf ist: Alles, was Ihnen gefällt. Auf jeden Fall sehr viel mehr als nur Bilder. Vielleicht ist ein Fahrrad, Paddel oder ein Ruderboot an der Wand nicht jedermanns Geschmack, aber wenn Sie es dort lieben und die Größe es zulässt, kann so gut wie alles, was Ihnen gefällt, an die Wand.

Kunst ist, was gefällt.

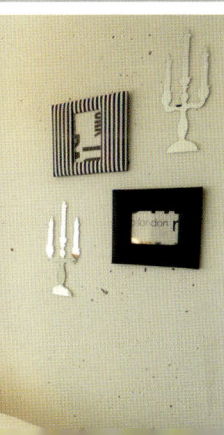

Hier ein paar Ideen zur Anregung:

- Spiegel
- Leere Bilderrahmen
  (z. B. nur der Holz- bzw. Metallrahmen)
- Kinderbilder
- Familienfotos
  (auf Leinwand gezogen oder als Gruppe)
- Porzellan/Keramik
- Uhren
- Lichterketten
- Kleidungsstücke
  (z. B. auch auf Stangen oder Kleiderbügeln aufgehängt oder hinter einem Bilderrahmen)
- Hölzer, Geweihe
- Alte Türen oder Leitern
- Regale zur Gestaltung und alles was sich als Regal umfunktionieren lässt, z. B. Schubladen, Holzkisten
- Textilien wie
  z. B. Schiebegardinen, Kissenhüllen
- Decken, kleine Teppiche
- Segel, Netze
- Kalender
- Postkarten
- Landkarten und Stadtpläne
- Flaggen
- Körbe
- Tafeln
- Paddelbretter
- Setzkasten
- Urlaubsmitbringsel
- Hüte
- Federn usw.

Die Wandgestaltung ist eine tolle Möglichkeit, einen Raum zu modernisieren. So kriegen Sie schnell frischen Wind in Ihre Räume und können Ihre urbequemen, geliebten und schon ein wenig in die Jahre gekommenen Möbel behalten.

Kunst ist, was gefällt und moderne Kunst kann von Ihren Kindern oder Ihnen leicht selbst hergestellt werden. Versuchen Sie es einfach. Beginnen Sie mit Lieblingsfarben, -materialien oder -stoffen. Gestalten Sie eine Collage, lassen Sie Farben über Leinwände laufen etc.
Wenn Selbermachen nicht Ihre Sache ist, dann suchen Sie nach Lieblingsfotos und lassen Sie diese farblich verändern und vervielfältigen, à la Andy Warhol etc.

So einfach gelingt der Einsatz von Wandkunst:

Sie arbeiten in zwei Schritten:

1. Die Vorbereitung:

- Bringen Sie alle Dekorationen für die Wandgestaltung zurück in den Raum und reihen Sie alles an einer Wand entlang auf. So verschaffen Sie sich den besten Überblick.

- Sehen Sie sich alles an. Was fällt Ihnen auf? Sind bestimmte Materialien oder Motive mehrfach vorhanden?

- Ordnen Sie nun alles in Gruppen, wie z. B. farblich sortiert, nach Rahmen (Holz zu Holz, Silber zu Silber etc.), nach Motiven (alle Landschaften, Porträts, Tiermotive oder alles Abstrakte zusammen etc.), nach Stilen (Öl-, Wasserfarben, Fotos) etc.

- Wenn dies nicht möglich ist, dann versuchen Sie allgemeine Themen zu bilden, wie z. B. Hunde oder noch allgemeiner Tiere oder Naturmotive.

- Versuchen Sie Paare zu finden. Sie lassen sich klasse neben- oder übereinander aufhängen und man kann sehr gut Möbelgruppen damit einrahmen.

■ Betrachten Sie nun Ihre Gruppen. Passt alles zusammen? Wenn noch etwas stört, tauschen Sie es um. Sehen Sie Einzelteile noch einmal an – passen sie nicht doch zu einer der vorhandenen Gruppen?

TIPP

Mischen Sie keine Stile wie Öl- und Wasserfarbengemälde. Sie konkurrieren zu sehr miteinander. Eine Ausnahme ist, wenn die Motive sehr ähnlich sind, bzw. das gleiche Thema haben. Eine Sammlung aus Zeichnungen, Fotos, Aquarellen, Modellen etc. mit dem gleichen Motiv kann eine sehr spannende Wandgestaltung ergeben.

Sollten Sie jetzt den Eindruck haben, dass Sie nicht genügend vorhandene Wanddeko besitzen, dann sage ich: keine Sorge! Es kann besser sein ein Stück Wand frei zu lassen, als zu versuchen alles was da ist zu verteilen. Gerade freie Flächen geben der Kunst den Raum zu wirken. Sie können dieses Stilmittel bewusst einsetzen, um ein Lieblingsstück hervorzuheben.

Das gemeinsame Thema ist gefunden: Karikaturen.

So einfach gelingt der Einsatz von Wandkunst:

2. Die Planung:

Nachdem die Deko nun in Gruppen aufgeteilt ist, sehen Sie sich im Raum um. Sie müssen nun eine Entscheidung treffen und haben zwei Möglichkeiten. Möchten Sie:
1. den bisherigen Fokuspunkt durch die Wanddeko unterstützen und damit stärken oder
2. die Wandkunst selbst zu einem Fokuspunkt machen?

Fragen Sie sich: Was soll beim Betreten des Raumes als erstes ins Auge stechen? Ihre Möbel, der Kamin, die Aussicht etc. oder die Wand? Alles gleichzeitig ist nicht möglich, da sonst die Dinge miteinander konkurrieren würden.

Hier konkurriert das bewusst klein gehaltene Bild nicht mit dem Fokuspunkt, dem schönen Ausblick.

Möglichkeit 1 – die Unterstützung des schon vorhandenen Fokuspunktes:

- Starten Sie mit der Gestaltung der Wandfläche, die sich hinter dem Fokuspunkt befindet. Im Wohnzimmer wäre dies in der Regel die Wand hinter der Sitzgruppe. Im Schlafzimmer die Wand über dem Bett.

- Suchen Sie aus Ihrem Fundus Dinge heraus, die Sie dort gerne hätten. Sie haben sicher die verschiedensten Dinge zusammengetragen. Gibt es eine Sammlung, die Sie an dieser Stelle besonders lieben würden?

- Nehmen Sie aus Ihrer Auswahl ein Teil oder eine Gruppe, die farblich zum Fokuspunkt passt. Das Ziel ist hier, dass die Kunst den Fokuspunkt stärker macht, also noch deutlicher hervorhebt. So wird auch die Wandkunst automatisch besser wahrgenommen.

- Achten Sie unbedingt auf die passende Größe.

- Ein einzelnes Bild sollte unbedingt zur Größe der Sitzgruppe passen und sich nicht verlieren.

- Hängen Sie daher Bilder oder andere Wanddeko in Gruppen auf. Die Wirkung auf einen Raum ist so wesentlich stärker als nur durch ein Teil.

- Vermeiden Sie daher ganz besonders an großen Wänden, nur ein einziges Bild aufzuhängen.

TIPP: Probieren Sie alle möglichen Varianten aus – auch solche, die Sie für unmöglich halten. Spielen Sie mit der Wanddeko. Ihr Auge wird Ihnen sofort sagen, ob eine Kombination gelungen ist oder nicht. Wandgestaltung ist extrem kreativ und spielerisch. Vergessen Sie deshalb den Spaß nicht.

- Insgesamt sollte ein Bild oder eine Gruppierung in der Dimension nicht breiter oder höher als das Möbelstück bzw. die Möbelgruppe sein.

- Arrangieren Sie Ihre Sammlung zur Probe immer erst einmal auf dem Fußboden. Beachten Sie hierzu die nachfolgenden Tipps in diesem Kapitel.

- Wenn Sie mit der Gestaltung dieses Bereiches komplett zufrieden sind, fragen Sie sich: Gibt es einen weiteren Fokuspunkt, wie z. B. eine Arbeitsecke im Wohnzimmer oder einen Sitzbereich im Schlafzimmer? Wenn ja, dann arbeiten Sie in diesem Bereich nach den gleichen Regeln.

Das Bild unterstützt hier den Fokuspunkt: das Bett.

Hier sind zu viele Bilder an der Wand. Sie lassen das Auge umherirren.

Hier dagegen wird mit dem Bild der Fokuspunkt Essbereich unterstützt.

Auch in diesen beiden Beispielen betont das Bild die Sitzgruppe.

Hier ist das Bild der Fokuspunkt. Das Sideboard ist untergeordnet.

Wenn ein Bild eigentlich für den Bereich zu klein ist, stärken Sie es mit farblich passender Deko.

Verbinden Sie zwei Bereiche durch Wandkunst, die ein Thema hat. Hier fantastisch gelöst von Jospeh Johnson.

> **TIPP**
>
> Fokussieren Sie sich immer nur auf einen Bereich, erst danach auf einen anderen. Arbeiten Sie niemals an zwei Stellen gleichzeitig. Eine gute Methode dies zu schaffen: Probieren Sie alle möglichen Varianten so lange aus, bis Sie das Gefühl von „Ja! Das ist es!" haben. „Das ist schon ziemlich gut" reicht nicht. In diesem Fall probieren Sie weiter. Es ist besser, wenn nur eine Gruppe richtig gut gelungen ist, als dass überall irgendetwas ist.

Hier wurden die Wände der Leseecke gestaltet. Die Wände rahmen den Sessel schön ein und machen ihn noch gemütlicher.

Möglichkeit 2 – die Wandgestaltung als der Hauptfokuspunkt in Ihrem Raum

- Nehmen wir an, Sie haben ein oder mehrere Bilder, die Ihnen ganz besonders viel bedeuten. Sie möchten diese so richtig zelebrieren. Machen Sie Ihre Wandkunst zum absoluten Fokuspunkt in Ihrem Raum. Das muss, wie gesagt, nicht mit Bildern geschehen, sondern es kann auch eine ganz besondere Tapete, das geliebte Surfbrett oder Paddelboot sein.

- Bei dieser Möglichkeit gilt vor allem, dass an den anderen Wänden im Raum nur noch wenige Dinge eingesetzt werden sollten. Logisch oder? Wenn wir uns das Surfbrett an der Wand vorstellen, macht es uns klar, dass das die Aufmerksamkeit des Betrachters voll einnehmen wird. Alle weiteren Dinge würden in diesem Raum entweder kaum wahrgenommen werden oder um den Blick konkurrieren.

- Alles, was bei dieser Möglichkeit noch zusätzlich an die Wand kommt, sollte lediglich die schon im Raum vorhandenen Möbel ein wenig unterstützen.

Das Kopfteil ist so auffällig, dass zusätzliche Bilder hier stören würden.

Das Bild mit dem Buddha ist allein durch die Größe als Fokuspunkt gedacht. Es soll in der Küche Gelassenheit vermitteln.

Die Tapete ist die Wandkunst. Bilder würden hier um die Aufmerksamkeit konkurrieren.

Das Bild zeigt eindeutig an, wo sich der Hauptbereich des Raumes befindet. Der Fokus, die Sofaecke, wird dadurch hervorgehoben.

Für beide Möglichkeiten gilt: Die längste Wand sollte nie ganz leer sein.

Und vergessen Sie nicht: Weniger ist mehr – auch bei der Wandgestaltung! Lassen Sie bewusst immer genügend freie Flächen, damit die vorhandene Wanddeko so richtig schön wirken kann.

TIPP Probieren Sie auch einmal Dinge wie z. B. große Bilder, Spiegel einfach nur an die Wand oder auf etwas drauf zu stellen. Nicht alles muss montiert werden.

Kunst an die Wand gestellt.

Das Bild gibt der Sitzgruppe optisches Gewicht.
Ohne das Bild würde die Sitzgruppe verloren wirken.

Hier ist weniger mehr! Die Bilder rechts und links lenken ab und sind zu weit voneinander entfernt, um eine Gruppe zu bilden.

Jetzt passt es. Das Bild unterstützt den Fokuspunkt.

Absolute Präzision beim Arrangieren macht einen riesigen Unterschied in der Wirkung. Es lohnt daher, sich die Zeit zu nehmen und exakt zu messen und zu platzieren. Am schnellsten und einfachsten funktioniert dies mit einem Laser. Geräte gibt es schon ab ca. 20 €.

Spezielle Tipps für das Aufhängen von Gruppierungen an Wänden

- Legen Sie immer zunächst die gesamte Gruppe auf einen neutralen Hintergrund, z. B. auf den Fußboden oder auf das Bett.
- Schieben Sie die Bilder solange hin und her, bis Sie die optimale Zusammenstellung gefunden haben, die Sie als harmonisch empfinden.
- Achten Sie darauf, dass die Farben und Materialien zueinanderpassen. Hier können Sie z. B. ordnen nach Material, Farbe, Rahmenmaterial (dick oder dünn, glänzend oder matt usw.).
- Die Zusammenstellung sollte eine imaginäre geometrische Form ergeben, z. B. ein Quadrat, eine Raute, einen Kreis oder ein Oval etc.
- Die Dinge sollten nicht zu weit voneinander entfernt sein. Als grobe Regel gilt, nicht mehr als eine Handbreite.
- Porträts, die Menschen zeigen, sollten in die Gruppe hinein- und nicht herausschauen.
- Vergessen Sie nicht: Bilder können auch sehr effektiv übereinander aufgehängt werden.

TIPP

Eine einfache Methode ist, alle Bilder mit den Unterkanten auf der gleichen Höhe aufzuhängen. So als würden sie nebeneinanderstehen. Oder stellen Sie die Bilder gleich auf ein Regal, statt sie aufzuhängen. So können sie leicht nach Lust und Laune ausgetauscht werden. Hier können auch mehrere Bilder verschiedener Größen auf einem Regal überlappen, bzw. ineinandergeschoben werden.

Ein zu kleines Bild können Sie zusammen mit anderen Bildern aufhängen.

Für eine harmonische Gruppierung gibt es viele Möglichkeiten. Z. B. die Kombination von mehreren Bildern, die unten an einer Linie ausgerichtet sind

Die Kombination von Bildern in verschiedenen Größen, die auf einer Bilderleiste stehen und sich überlappen. Man kann Bilder auch auf diese Art miteinander verschrauben oder verkleben und als Gesamtheit aufhängen.

Die Kombination von mehreren Bildern, die sich an einem Kreuz in der Mitte ausrichtet.

Die Kombination von mehreren Bildern, die an den seitlichen Kanten ausgerichtet sind.

Tipps für die richtige Höhe:

- Die optimale Stelle ist generell die Augenhöhe – und die wird durch den Betrachter bestimmt. Hängen Sie etwas in einem Flur auf, gehen Sie von der Augenhöhe einer stehenden Person aus. An einem Esstisch sitzen Sie – hier ist die Augenhöhe also niedriger etc.
- Wichtig ist, dass der Abstand zwischen der Möbelgruppe und der Wandkunst nicht zu groß ist. So nimmt das Auge beides als Ganzes und nicht als zwei separate Dinge wahr.
- So einfach wie es klingt: Bei Unsicherheit hängen Sie die Kunst lieber etwas niedriger als zu hoch auf. Sollten wirklich Änderungen notwendig sein, sieht man so später die Löcher nicht.
- Lassen Sie bei sehr dunklen Bildern extra Platz.
- Hängen Sie bei einer Reihe von übereinander gehängten Bildern die dunkelsten Farben nach unten.

Spieglein, Spieglein an der Wand...

Ich liebe Spiegel! Ich gebe sogar zu, ein wenig Spiegelsüchtig zu sein. Ich verwende sie in fast allen Räumen, denn Spiegel sind:

- oft extrem schön,
- lassen sich toll mit Bildern und anderen Dingen mischen,
- haben in Räumen wie Eingangsbereichen einen echten Nutzen,
- reflektieren Licht und bringen es auch in dunkle Ecken,
- bewirken, dass sich ein Raum größer anfühlt,
- reflektieren schöne Dinge und verdoppeln dadurch deren Wirkung,
- als Gruppe arrangiert sind sie echte Hingucker,
- man kann aus ihnen ein Motiv gestalten.

Zum Schluss

Stellen Sie sich in den Türrahmen und betrachten Sie Ihren Raum. Lassen Sie Ihr Auge von einem Ort zum anderen wandern. Gefällt Ihnen was Sie sehen?

Dann sind Sie jetzt bereit für den letzten Schritt!

SCHRITT 6
DIE DEKORATION

Der Schmuck der Räume

Sie sind fast fertig! Nur noch die Deko. Wie fühlt sich das bisher Geschaffte an? Entwickelt sich schon ein Gefühl von innerer Zufriedenheit? Vielleicht auch ein Staunen, dass der Raum nicht nur anders aussieht, sondern sich auch anders anfühlt? Wahrscheinlich können Sie kaum erwarten, Ihr raumgestalterisches Kunstwerk zu zeigen?

Vielleicht ging es Ihnen am Anfang vorrangig darum, einen Raum zu schaffen, der einfach anders aussieht? Ein Interior Redesign Prozess gibt Ihnen aber vieles mehr – nämlich die Möglichkeit, Dinge, die Sie seit vielen Jahren begleiten, den gebührenden Respekt und Raum zu schenken und auf Ihre ganz persönliche Bühne zu heben. Zu Hause sollten Sie sich rundherum wohlfühlen. Das passiert natürlich mit Gegenständen, die Sie lieben und die Ihre Persönlichkeit ausdrücken. Dazu gehört selbstverständlich Ihre persönliche Deko.

Was ist eigentlich Deko in Bezug auf Einrichtungen? Wenn wir auf den schon bekannten Vergleich mit der Kleidung zurückgreifen, dann ist die Raum-Deko das Gleiche, was der Schmuck einer Frau ist, den sie zu ihrer Kleidung trägt. Es sind die Dinge, die den Raum zum Funkeln bringen, ihm den letzten Schliff geben.

Es geht aber wirklich nur um den letzten Schliff! Das bedeutet, der Raum sollte sich auch ohne Deko schon fabelhaft anfühlen. Ich empfehle Ihnen deshalb hier noch einmal eine kleine Pause zu machen, noch einmal vor dem letzten Schritt zu überprüfen: Wie wirkt mein Raum? Fühlt er sich gut an? Ist alles da, wo ich es haben möchte? Eine gute Idee ist, den Raum ein wenig zu testen. Verbringen Sie eine Kaffeepause im neuen Sitzbereich, schreiben Sie eine E-Mail am Tisch der gerade entstandenen Arbeitsecke, liegen Sie einmal Probe im neu gestalteten Schlafzimmer. Tun Sie es einfach. Sie haben es sich verdient nach der ganzen Arbeit. Den Raum auszuprobieren macht Spaß und hat den Vorteil schnell herauszufinden, ob Sie noch etwas ändern möchten. Die Deko sollte dem Raum zwar das letzte Extra geben, nicht aber Fehlendes oder Falsches korrigieren.

Diesen Fehler machen viele Menschen. Sie versuchen durch neu gekaufte Deko etwas Grundsätzliches zu ändern. Das funktioniert nicht.

Bevor Sie zur Tat schreiten und Ihren Raum dekorieren, machen Sie eine wichtige vorbereitende Arbeit: die Auswahl! Sehen Sie sich dazu alles was vor Ihnen liegt mit prüfenden Augen an und fragen Sie sich: Was liebe ich wirklich? Was bedeutet mir viel? Was macht mir jedes Mal Freude, wenn ich es sehe? Das kann etwas sein, das Sie einfach nur wunderschön finden oder Ihnen durch eine Erinnerung das Herz wärmt. Vielleicht gibt es zusätzlich Teile, die auch noch eine Funktion haben, wie z. B. Lampen, Vasen, Kissen etc.? Wenn etwas davon zutrifft, sollte es in den Deko-Pool für Ihren Wohlfühlraum.

Gibt es vielleicht Dinge, die Ihnen wenig oder nichts mehr bedeuten? Dann trennen Sie sich davon. Verschenken oder spenden Sie solche Sachen. Das fühlt sich gut an. Auf jeden Fall gibt es keinen Grund mit etwas zu leben, das Sie weder lieben noch brauchen. Glauben Sie mir!

Nachdem Sie diesen oft sehr emotionalen, Schritt geschafft haben, bleiben Ihre Favoriten übrig. Die meisten Menschen würden jetzt ein paar Teile aus der Auswahl greifen und beginnen diese in den Raum zu stellen. Im Interior Redesign Prozess gehen Sie anders an die Sache heran.

Denken Sie noch daran: Wie war das mit dem Thema?

Sie haben das Wort Thema in Bezug auf Einrichten mittlerweile schon mehrmals gelesen. In diesem Buch wurde es zum ersten Mal in Kapitel 3, in Bezug auf den WOW-Faktor, erklärt. Bei der Bildung eines Einrichtungsthemas geht es darum, Dinge zu kombinieren, die thematisch zueinanderpassen. Das ist für die Dekoration während eines Redesign Projektes eine tolle Sache. So können Sie auch in diesem Schritt ganz einfach geliebte Dinge zu einer Einheit zusammenfügen.

Ich erkläre es an einem Beispiel: Nehmen wir an, Sie lieben es zu reisen und sich mit Ihren Urlaubserinnerungen zu umgeben. Dann wäre ein mögliches Thema „Eindrücke aus der ganzen Welt". Wenn Sie dementsprechend Ihre Urlaubsmitbringsel, Fotos, Bilder, Postkarten, alle gemeinsam auf einem Regal oder in einer Ecke platzieren, dann hat dies eine viel größere Wirkung, als wenn mal in dem einen und dann wieder in einem anderen Raum Einzelteile stehen würden.

>  Es ist erstaunlich, dass das Bilden von Themen wirklich immer wieder ganz leicht klappt. Doch dazu muss die komplette Deko erst einmal raus aus dem bisherigen Umfeld. Sammeln Sie alles ein. Wenn Sie die Deko auf einem großen Tisch, dem Bett oder Fußboden ausgebreitet haben, dann werden Sie schnell Ihr Thema erkennen.

Hier ist das Thema fröhliche Kunst und Farben. Das wird auch in anderen Einrichtungsteilen wie der orangen Vase, den Kissen,...

...der grünen Abzugshaube, der Schale auf dem Tisch,...

...dem kleinen Bild über der Spüle...

... und schon beim Hereinkommen deutlich. Würde die Hausherrin nicht ganz klar intensive Farben lieben, wäre hier durch die vielen vorhandenen Naturmaterialien wie den Teppichen, dem Esstisch, den Holzarbeitsflächen, dem Holzbeistelltisch und dem Rattan-Anteil im Sofa, auch das Thema Natur möglich.

So einfach gelingt der Einsatz von Deko:

- **Hauptregel Nr. 1: Dekorieren Sie nie das ganze Zimmer gleichzeitig, sondern immer einen Bereich nach dem anderen.**

- Der Bereich, mit dem Sie beginnen, ist der (hauptsächliche) Fokuspunkt. Also der Bereich, zudem unser Auge zuerst wandert.

- Betrachten Sie diesen Bereich genau. Fragen Sie sich: Gibt es hier vielleicht schon ein Thema oder einen bestimmten Stil, z. B. Natur durch einige Rattan-Möbel, den Teppich oder das Bild? Möchte ich dies weiter stärken oder lieber nicht? Gibt es schon vorgegebene Farben? Gibt es ein Motiv, aus dem ich ein Thema machen möchte, wie z. B. das Thema Natur, aufgreifend aus einem Bild? Gibt es eine Form, die unterstützt werden sollte oder die Ausgleich sucht? Gibt es ein Spiel von hell und dunkel?

- **Erst jetzt, nachdem Sie sich entschieden haben, was Sie erreichen wollen, suchen Sie in der vorhandenen Deko nach etwas Passendem.**

- Dieses ganz bewusste Auswählen, ausgerichtet auf ein bestimmtes Ziel, verhindert ein Sammelsurium von Dingen.

- Deko ist sowohl als Einzelteil oder als zusammengestellte Gruppe sehr effektiv.

- Wenn Sie ein Teil haben, das Ihnen zu klein erscheint, versuchen Sie weitere passende Dinge zu finden und es als Gruppe einzusetzen.
(Folgen Sie dazu den Tipps auf den nächsten Seiten.)

- Dinge, die zu niedrig sind, können auf einem Stapel Bücher oder Zeitschriften angehoben werden.

- Bücherstapel sind auch Deko.

 Wenn die Farben der Bucheinbände nicht passen, dann wickeln Sie diese einfach passend ein.

Bücher, eingewickelt und als Stand für die Deko verwendet.

Deko auf Regalen. Hier bildet die Deko mit dem Bild sozusagen ein großes Ganzes.

- Achten Sie darauf, dass die Deko den vorhandenen Bereich in seiner Funktion und Stimmung unterstützt und nicht damit konkurriert. Alles wird zu einer Einheit.
- Falls ein Dekoteil ganz besonders hervorgehoben werden soll, muss es als Fokuspunkt eingeplant werden.
- Wenn Sie die Dekoration des (Haupt-)Fokuspunktes abgeschlossen haben, wenden Sie sich, diesen Regeln folgend, dem nächsten Bereich zu.
- Mit dieser Methode werden Sie feststellen, dass um die Deko herum fast automatisch notwendiger Platz bleibt, der erlaubt, dass etwas wirklich herausgestellt werden kann. Das Auge nimmt die Bereiche als Ganzes wahr. Lassen Sie im Zweifelsfall lieber mehr freie Flächen als zu wenige.
- Fertig? Machen Sie den Test und stellen Sie sich in den Türrahmen. Was sehen Sie? Ist alles stimmig? Wo fehlt noch etwas „funkeln"?

 Falls etwas, das Sie sehr lieben, im Raum keinen Platz findet, suchen Sie einfach einen Ort in einem anderen Raum. Es muss nicht alles in ein Zimmer.

Dekorieren in Gruppen ist eine tolle Methode, geliebte Dinge effektiv zu zeigen. Daher habe ich speziell dazu noch ein paar Tipps und Anregungen:

So einfach gelingt das Dekorieren von Deko in Gruppen:

- Regel Nr. 1: Suchen Sie nach einem gemeinsamen Thema wie Farbe, Form, Material etc.

- Eine Sammlung von drei runden Schalen oder Vasen wirkt stärker, als wenn diese einzeln an unterschiedlichen Orten platziert wären.

- Eine ungerade Zahl an Gegenständen ist meistens harmonischer für das Auge als eine gerade Zahl.

- Gerade Anzahlen sind möglich, sollten dann aber exakt in einer geometrischen Form aufgestellt werden, z. B. vier Vasen als Quadrat gestellt.

- Achten Sie auf unterschiedliche Höhen und Materialien. Eine Gruppe wird noch spannender, wenn sie aus Variationen besteht.

- Falls alle Teile gleich sind, wie z. B. drei gleich großen Schalen aus demselben Material, arrangieren Sie diese am besten in einer Reihe oder einem Dreieck.

- Platzieren Sie bei unterschiedlichen Größen das größte Stück in der Mitte.

- Eine Sammlung von kleinen Dingen wirkt am effektivsten auf einem Untergrund, z. B. einem Tablett.

> **TIPP:** Gerade geliebter Kleinkram sieht als Gruppe zusammengestellt immer besser aus als einzeln.

- Stellen Sie Fotos in Rahmen nach Rahmenfarbe und Größe zusammen.

- Achten Sie auf eine Balance im sogenannten „visuellen Gewicht". Stellen Sie keine filigranen kleinen Kerzenständer auf eine große schwere Kommode. Sie würden dort verloren wirken.

Geliebter Kleinkram!

> **TIPP:** Wenn Sie Dinge unpassender Größe an einem bestimmten Ort unbedingt einsetzen wollen, suchen Sie weitere passende Dinge und stellen Sie alles zusammen als Gruppe auf.

- Achten Sie bei Bücherregalen unbedingt darauf, dass sie nicht zu voll sind. „Mut zur bewussten Lücke" ist das Credo.

- Stellen Sie die größten und schwersten Bücher auf die unteren Regale, richten Sie alle Buchrücken nach vorne aus.

- Stellen Sie nichts vor die Bücher. Beides konkurriert sonst miteinander und das Regal wirkt sofort überfüllt.

- Schön wirken auch Bücherstapel, die symmetrisch rechts und links im Regal liegen.

Mut zur Lücke im Bücherregal.

Farblich sortiert darf es etwas voller sein.

- Überfüllen Sie die Abstellflächen nicht.
  Besonders Tische und Beistelltische sollten benutzbar sein, ohne vorher Deko abräumen zu müssen.

Fast zu voll? Aber es macht doch so viel Spaß.

- Vergessen Sie nicht: Es müssen nicht alle Dinge, die Sie lieben, gleichzeitig gesehen werden. Wechseln Sie (vorhandene) Deko einfach oder räumen Sie nach Jahreszeiten immer mal wieder um.

Und zum Schluss:

Machen Sie sich zum Dekorieren Musik an und lassen Sie sich Zeit. Spielen Sie mit Ihren Schätzen. Probieren Sie verschiedene Plätze und Kombinationen aus. Das tun die Profis auch. Genießen Sie es. Der harte Teil der Arbeit liegt hinter Ihnen. Es geht nur noch um den Feinschliff. Genauso wie Sie je nach Tageslaune mal diesen oder jenen Schmuck aussuchen würden, werden Sie diese Erfahrung auch beim Dekorieren machen. Dies ist der Teil, der am meisten Ihre Persönlichkeit zeigt. Deshalb: (Fast) alles ist erlaubt – Veränderungen ausdrücklich auch!

Geschafft! Willkommen in Ihrem neu arrangierten Wohlfühlraum!

Vorher in die Jahre gekommen...

...jetzt mit einfachen Mitteln wieder angesagt.

*Und jetzt genießen Sie Ihren Raum.
Sie haben es sich verdient.*

Einrichtungstipps nach Raumform

Möbelrücken macht Spaß. Ich bin immer wieder überrascht, was für tolle Kombinationen mit Sachen entstehen können, die schon vorhanden sind. Deshalb freue ich mich immer darauf, Möglichkeiten einfach auszuprobieren.

Über die Jahre habe ich jedoch gelernt, dass das Beachten von wenigen Richtlinien und Tipps hilfreich ist, um die optimale Position für die Möbel zu finden.
Das spart Zeit und viel unnötigen Körpereinsatz, denn wer einmal die Regeln für die jeweilige Raumform verstanden hat, kann dieses Wissen leicht auf andere Zimmer übertragen.

Hinweis: Natürlich gelten alle Grundlagen der Raumgestaltung, die in dem Kapitel „In 6 Schritten zum Wohlfühlraum" bereits beschrieben wurden. Dieses Kapitel beschäftigt sich zusätzlich mit den Besonderheiten der jeweiligen Raumform.

Beginnen wir mit der Form, die uns am meisten bei der Einrichtung begegnet:

Rechteckige, längliche Räume

Rechteckige Räume bieten viele Gestaltungsmöglichkeiten. Sie erlauben normalerweise mehr als eine Nutzungsmöglichkeit. Somit können eine Menge Wünsche umgesetzt werden.
Rechteckige Räume sind eine ideale Form für ein typisches Wohn- und Esszimmer oder ein Wohnzimmer mit Arbeitsbereich.
Möchten Sie nur eine Funktion einrichten, dann lädt eine rechteckige, längliche Raumform Sie quasi dazu ein, sogenannte Arrangements mit Möbeln zu stellen. Sie könnten z. B. in einem Wohnzimmer einen zusätzlichen Sitzbereich kreieren, wie eine kleine Ecke mit zwei Stühlen zum Schachspielen, einem komfortablen Sessel zum Lesen, einen Ort zum Kaffeetrinken mit der Freundin oder einen Sitzbereich am Fenster, einfach nur um den Ausblick zu genießen.
Solche „Extrabereiche" geben das Gefühl von echtem Wohnluxus.

Ein gemütliches Plätzchen für zwei.

Suchen Sie bei einer rechteckigen Raumform deshalb gezielt nach solchen Möglichkeiten. Kreieren Sie immer einen Wohlfühl- oder Lieblingsbereich. Sie werden bemerken, wie leicht das ist.

Wer hätte gedacht, was hier alles reinpasst!

Arbeitsecke, Tagesbett und Hobbyzone. Jeder Zentimeter ist perfekt von Joseph Johnson genutzt worden.

Anbei einige Tipps, mit denen Sie Möbel erfolgreich in einem rechteckigen Raum platzieren können.

So einfach gelingt das Einrichten rechteckiger Räume:

- Nehmen Sie Ihre, mit allen Bewohnern erstellte Wunschliste und entscheiden Sie, welche Funktionen im Raum ausgeübt werden sollten.

- Bestimmen Sie die Hauptfunktion.

- Platzieren Sie dafür die Möbel und gestalten Sie den Fokuspunkt.

- Betrachten Sie dazu den Raum genau: Wo sind die Fenster, wo die Türen? Welche Laufwege sind zu beachten? Gibt es ein Highlight wie einen Kamin, einen besonders schönen Ausblick etc.?

- Wo kann ein zweites Arrangement untergebracht werden?

- Gliedern Sie die beiden Funktionen klar als zwei Bereiche, z. B. durch eine große Zimmerpflanze, ein Regal, eine Lampe etc.

Nutzen Sie einen „durchsichtigen" Raumteiler wie eine Pflanze oder ein Regal, das von beiden Seiten genutzt werden kann. So wird optisch zwar getrennt aber nur wenig Raum eingenommen. Der Raum verliert insgesamt nicht an seiner Größe.

- Nutzen Sie bei weniger Platz z. B. die Rückseite des Sofas als Raumteiler, aber achten Sie auf ein wenig Abstand zwischen anderen Möbeln und dem Sofa.

- Rahmen sie jeden Bereich für sich ein, z. B. durch zwei Teppiche.

- Achten Sie darauf, dass die Laufwege frei bleiben und keine Möbel oder Deko im Weg stehen.

- Bei mehr als einer Funktion sollte der Laufweg bei dieser Raumform immer auf einer Seite stattfinden.

Für ein größeres Platzgefühl ist hier die L-Form des Sofas offen zum Essbereich ausgerichtet.

WOHNZIMMER

- In Wohnzimmern ist eine L- oder U-Form als Möbelarrangement für viele Funktionen passend und optisch ansprechend.

Beide Formen sind auch ideal, um einen tollen Ausblick oder ein schönes Bild einzurahmen.

- Wenn Sie zwei Sofas besitzen, überlegen Sie, ob es möglich ist, diese genau gegenüberstehend zu platzieren. So ermöglichen Sie die bestmögliche Position für eine Unterhaltung und erlauben trotzdem liegend fernzusehen. Diese Möglichkeit könnte mit zwei weiteren Stühlen oder Sesseln zu einer U-Form abgerundet werden.

- Gestalten Sie längliche Räume in hellen Farben. So entsteht kein Gefühl von Enge.

- Falls der Raum sehr viel länger als breit ist, wäre eine Akzentwand an der kurzen Wand (= Stirnwand) eine gute Möglichkeit ein „Tunnelgefühl" zu entschärfen.

- Platzieren Sie bei dieser Raumform breite und wuchtige Möbel wie Sideboards, Medienwände etc. an der Stirnseite.

- Unterteilen Sie sehr lange Räume mit einer separaten Wandgestaltung. Jeder Bereich erhält eine Wandgestaltung für sich.

Die separate Wandgestaltung betont die beiden Bereiche

- Halten Sie es genauso mit der Beleuchtung. Gestalten Sie jeden Bereich mit einer eigenen Beleuchtung. Achten Sie besonders auf unterschiedliche Höhen und Helligkeiten.

- Achten Sie darauf, einige runde und ovale Formen einzusetzen. Ein großer runder Spiegel, ein Bild an der kurzen Wand über einem dort aufgestellten Sofa oder Sideboard oder ein runder Couchtisch entschärfen ein eventuelles „Schlauchgefühl".

- Stellen Sie einzelne Möbel nicht zu weit voneinander entfernt auf.

- Wenn Sie Kinder haben, können Sie bei einem länglichen Wohnzimmer prima einen speziellen Spielbereich schaffen.

- Bei nur einer Raumfunktion ist es optisch schöner, einige der Möbel, z. B. die Sessel, in einem Winkel gegenüber dem Sofa zu platzieren.

- Achten Sie darauf, dass es genügend Abstellmöglichkeiten für alle gibt.

- Tisch- oder Hocker-Paare sind für die meisten Menschen interessant und attraktiv.

- Runde Tische nehmen weniger Platz ein und erlauben ein leichteres Drumherum gehen.

- Runde Abstelltische schaffen auch eine schöne Balance zur eckigen Form eines Möbelarrangements.

Holz und Farben verbinden beide Bereiche. Die Teppiche geben das Gefühl von Platz.

Vor dem Umstellen der Möbel wirkte dieser Bereich wesentlich kleiner. Die Leseecke war völlig separat.

Nun ist der Raum geöffnet und beide Bereiche gehören zusammen.

SCHLAFZIMMER

- In Schlafzimmern steht normalerweise das Bett an der längsten Wand. Sollte das Bett bei dieser Platzierung aber direkt gegenüber der Tür stehen, probieren Sie es an einer kurzen Wand zu platzieren. Das gibt mehr Privatsphäre. Versuchen Sie am Fußende des Bettes zusätzlich eine Sitzgelegenheit, wie einen länglichen Hocker oder ein kleines Sofa, zu stellen.

- Versuchen Sie in Schlafzimmern immer eine Sitzgelegenheit zu platzieren. Ein Ort um die Schuhe anzuziehen, Kleidung abzulegen oder einfach zu entspannen, erhöht das Luxusgefühl sofort.

- Sollte noch weiterer Platz vorhanden sein, könnten Sie einen Schminktisch mit Hocker oder eine Kommode aufstellen.

In beiden Beispielen ist der Laufweg frei geblieben.

ESSZIMMER

- In Esszimmern kopieren Sie mit der Essgruppe die Raumform. Platzieren Sie einen länglichen, rechteckigen Esstisch in der Mitte des Raumes. Kombinieren Sie Drumherum Stühle und eventuelle Bänke.

- Verstärken Sie das Ganze, wenn verfügbar mit einem Teppich, der groß genug für die gesamte Essgruppe ist.

- Platzieren Sie Sideboards oder andere Schränke an den Außenwänden.

- Sollte dafür Platz vorhanden sein, könnten Sie z. B. zwei Sessel und einen Abstelltisch an einer der kürzeren Wände platzieren oder auf einem Sideboard eine Bar einrichten.

- Ist der Essbereich die zweite Funktion in diesem Raum, wie bei einem Wohn- und Esszimmer, dann achten Sie darauf, dass die Laufwege frei bleiben. Das Aufstehen einer Person sollte andere Personen nicht dazu zwingen, die Stühle zu verrücken oder gar auch aufstehen zu müssen.

- Essbereiche in Laufwegen funktionieren am besten mit einem runden Tisch.

Auch hier ist der Zugang zum Tisch und der Terrasse durch die Tischform optimal möglich.

- Achten Sie auf ausreichende Beleuchtung. Gerade in einem rechteckigen Essbereich funktionieren große Bogenstehlampen sehr gut.

Sollten Sie ein großes Möbelstück wie eine Schrankwand oder ein Regal voller Bücher haben, ist die Stirnwand oft ein guter Ort zum Aufstellen.

Quadratische Räume

Quadratische Räume sind in der Raumgestaltung eine Herausforderung, weil sie uns keinerlei Anhaltspunkte geben, wo der ideale Ort für die Möbelplatzierung ist.

So werden Möbel häufig einfach nur an den Wänden entlang aufgestellt. Dies ist jedoch selten eine optimale Lösung.

Deshalb anbei einige Tipps, wie Sie ein Gefühl von Behaglichkeit und Wärme in Ihre quadratischen Zimmer bekommen können.

So einfach gelingt das Einrichten von quadratischen Räumen:

- Damit Sie in einem quadratischen Raum nicht das Gefühl bekommen, dass „alle Wände gleichzeitig" auf Sie zukommen oder Sie sich „verloren" fühlen, braucht diese Raumform bei der Gestaltung als Erstes einen eindeutigen Fokuspunkt.

- Sollte es einen Kamin geben, nehmen Sie diesen als Ausgangspunkt. Es macht besonders bei quadratischen Räumen keinen Sinn dagegen zu arbeiten.

- Der Fokuspunkt kann z. B. eine Gruppe von Bildern, der Fernseher, ein Lieblingsmöbelstück oder auch eine Gruppierung von Möbeln wie z. B. eine Essgruppe sein.

TIPP: Fehlt Ihnen ein Fokuspunkt, können Sie diesen selbst kreieren, indem Sie z. B. ein sehr großes Bild, eine schöne alte Holztür oder sogar ein Surfbrett einfach an die Wand lehnen. In Schlafzimmern könnte dies ein tolles großes selbst gebautes Kopfteil aus Paletten sein oder eines, das mit besonderem Stoff bezogen ist. So geben Sie dem Raum Ihre Persönlichkeit und das Platzieren der Möbel klappt fast von alleine.

Die quadratische Raumform wurde durch das Bild und das Bett aufgelöst.

- Eine weitere Möglichkeit für einen Fokuspunkt wäre, eine Wand andersfarbig zu streichen oder zu tapezieren.

- Positionieren Sie einen großen Teppich vor oder unter dem Fokuspunkt.

- Der Teppich sollte den Rahmen für die Hauptfunktion des Raumes darstellen. Auf ihm sollten die Möbel für die Sitzgruppe (oder dem Bett etc.) stehen, zumindest sollte der Teppich das Möbelarrangement einrahmen.

- Die Möbel sollten auf keinen Fall an allen Seiten die Wände berühren.

- Stellen Sie an der kurzen Seite des Teppichs weitere Sitzgelegenheiten auf, die insgesamt in der Länge kürzer sind als das Sofa. So entsteht eine L-Form oder auch eine rechteckige Anordnung.

- Es geht darum, mit den Möbeln dem Raum einen Kontrast zu seiner Form zu geben. Das macht ihn interessant und wohnlich.

Fantastisch gelöst. Die Möblierung, der Teppich und die vordere Ablagemöglichkeit sind perfekt gewählt.

- Für einen Essbereich ist ein runder Esstisch oft idealer als ein quadratischer.

- Eine tolle Hängelampe im Zentrum des Raumes, mittig über dem Esstisch, sieht in Esszimmern schön aus.

Runder Tisch, runde Lampe und nur ein Bild.

- In Wohnzimmern sind z. B. ein Sofa und links und rechts zwei gleiche Sessel gegenüber dem Fokuspunkt effektiv.

- Wenn es der Platz erlaubt, wäre ein zusätzlicher Rückzugsort wie eine Lese- oder Arbeitsecke ideal.

Durch das kleine Sofa fühlt sich der Raum gut an.

- Nutzen Sie Stehlampen, Beistelltische oder große Pflanzen, um die Form der Möbelgruppe zu verstärken etc.

- In einem Schlafzimmer könnten Sie ausprobieren, das Bett in einem Winkel zur Wand in einer Ecke aufzustellen.

- Hängen Sie nicht an alle Wände Bilder oder Wandbehänge, sondern beschränken Sie sich auf den Fokuspunkt.

- So kann auch ein Nebenfokuspunkt mit einer zweiten Funktion im Raum entstehen. Sie werden instinktiv merken, wo der richtige Raum dafür entsteht.

- Wenn der Raum klein ist, könnten Sie z. B. von links nach rechts einen Arbeitsbereich entstehen lassen, indem Sie ein langes Brett als Arbeitsfläche nutzen, das von einer Seite zur anderen reicht.

- Verwenden Sie runde Möbel wie einen runden Couchtisch, runde Hocker oder Sessel.

- Achten Sie besonders bei kleinen Räumen darauf, dass Sie reflektierende Materialien, z. B. Spiegel, Kissen oder Lampen mit Metalleffekt verwenden. Diese schicken das Licht durch den Raum und machen ihn interessanter.

- Große Wandspiegel oder gar Spiegelfronten verändern die Raumform optisch, insbesondere in kleinen Räumen.

- Achten Sie auch bei dieser Raumform darauf, dass die Laufwege frei bleiben.

Fokuspunkt Ausblick

Spezialfall Räume in L-Form

Räume, die „um die Ecke gehen" (L-Form), sind nicht einfach einzurichten. Sie können sich, besonders wenn sie leer sind, fast wie zwei verschiedene Räume anfühlen.

Wenn so ein Wohnzimmer eingerichtet wird, enden die Möbel häufig komplett in einem Teil des Raumes. Hier wirken sie dann oft ein wenig zusammengequetscht, während der andere Teil des Raumes nur stiefmütterlich, mit ein paar mehr oder weniger übrig gebliebener Möbel bestückt wurde.

Das Kunststück bei Räumen in L-Form ist daher, den Raum so zu nutzen, dass alles eine Einheit bildet und sich stimmig anfühlt.

Wichtig ist der erste Schritt für eine gute Vorbereitung und Planung. So machen Sie das meiste aus dem verfügbaren Raum und gewinnen eventuell unerwartet Platz für einen zusätzlichen Bereich dazu.

Damit Sie für Ihre Räume in L-Form eine gute Lösung finden, habe ich hier ein paar grundsätzliche Tipps zusammengestellt.

Zwei Funktionen in einem Raum: Unter dem Esstisch wurde der Teppich weggelassen, dadurch bleibt der Laufweg optisch frei.

So einfach gelingt das Einrichten von Räumen in L-Form:

- Entscheiden Sie sich für die gewünschten Funktionen im Raum. Gibt es nur eine oder sollten noch weitere Funktionen erfüllt werden? Wenn ja, könnte der Raum dann in zwei Zonen aufgeteilt werden, wie z. B. einen Wohn- und einen Essbereich?

- Wenn der Raum ein reines Wohnzimmer wird, empfehle ich Ihnen einen hauptsächlichen Wohnbereich (mit dem Sofa) und eine weitere Zone, z. B. mit zwei kleinen Sesseln und einem kleinen Abstelltisch oder Lesebereich.

- Alternativ könnten Sie eine Arbeitsecke integrieren oder eine kleine Ecke zum Musik hören oder musizieren etc.

- Je nach Größe könnten Sie auch einen „offiziellen, formalen Sitzbereich" kreieren und einen informalen mit „Lümmelsofa".

- Wenn es sich um ein Schlafzimmer handelt, richten Sie den Hauptteil mit dem Bett und dem zweiten Teil mit einer Sitz-, Lese- oder Yogaecke ein.

- Bei einem Esszimmer könnten Sie den Essbereich in den Hauptteil stellen und im zweiten Bereich eine kleine Bar oder einen kleinen zusätzlichen Sitzbereich aufbauen.

- Wichtig ist, dass sich ein Bereich klar optisch als der sogenannte Hauptbereich abhebt.

- Dieser Bereich enthält auch den Hauptfokuspunkt.

- Sollten Sie einen Kamin im Raum haben, empfehle ich den Hauptbereich und Hauptfokuspunkt darauf auszurichten. Eine Ausnahme wäre ein Panoramafenster mit schönem Ausblick.

- Die Fokuspunkte helfen den Blick im Raum von Bereich zu Bereich zu leiten, ohne dass diese optisch miteinander konkurrieren.

- Achten Sie darauf, dass genügend Freiräume zwischen den Bereichen bestehen und Sie z. B. problemlos die Essstühle bewegen können, ohne dabei das Sofa zu berühren, und dass ein einfacher Zugang zu den Sitzgelegenheiten im Wohnbereich besteht.

- Richten Sie das Sofa auf den Fokuspunkt aus.

- In L-Form-Räumen ist es einfacher, mit einem Sofa und mehreren Sesseln oder Hockern zu arbeiten, als mit z. B. nur einem Sofa auch in L-Form.

- Arbeiten Sie auf keinen Fall gegen die Gegebenheit des Raumes, sondern nutzen Sie die sogenannten natürlichen Linien. Stellen Sie z. B. das Sofa so auf, dass die Rückseite wie eine Art natürliche Abgrenzung agiert.

- Wenn beide Zonen offen miteinander verbunden sind, helfen runde Möbel oder eine runde Pflanze. Eckige Möbel grenzen stärker ab.

- Das funktioniert auch mit Möbeln, die optisch abgerundet und teilweise offen sind, wie z. B. eine Chaiselongue, wenn diese mit dem offenen Teil zum anderen Bereich ausgerichtet stehen.

- Beide Zonen sollten sich als ein Raum anfühlen, deshalb sollten sowohl das Farbschema, der Boden als auch die Wandfarbe im gesamten Bereich identisch sein.

- Die Hauptfarben der Dekorationen dürfen unterschiedlich sein, z. B. könnte bei einem komplementären Farbschema einmal Orange und im anderen Bereich Blau überwiegen.

- Wenn Sie dagegen das Gefühl von zwei Räumen wünschen, können Sie die Wände beider Bereiche unterschiedlich gestalten. Alle Farben, inklusive den, Farben der Dekorationen und Möbel, sollten ein Gesamtfarbschema darstellen.

- Ebenso ist es mit der Stimmung im Raum: Sie kann in einem Bereich formaler als im anderen sein (z. B. der Essbereich ist formaler als der Wohnbereich). Beide Räume sollten aber ein gemeinsames Einrichtungsthema haben.

- Achten Sie auf genügend Licht in beiden Bereichen. Sind alle Bereiche ausreichend ausgeleuchtet? Gibt es genügend Lampen um alle Funktionen auszuüben?

Betonen Sie die einzelnen Bereiche mit Teppichen.

Spezialfall kleine Räume

Klein, aber fein! Viele Menschen sehen kleine Räume als problematisch an. Sie fragen sich, was sie mit einem kleinen Raum machen, wie sie ihn einrichten können.

Ich bin der Meinung, dass kleine Räume extrem gemütlich sein können. Der Schlüssel dazu ist, trotz der fehlenden Größe ein Platzgefühl zu schaffen. Wenn das vorhanden ist, können kleine Räume zu richtigen Lieblingszimmern werden. Vielleicht helfen Ihnen diese Tipps, Ihre kleinen Räume zu richtigen Wohnoasen zu machen.

So einfach gelingt das Einrichten von kleinen Räumen:

- Versuchen Sie die Funktion des Zimmers auf eine, maximal zwei zu begrenzen. Z. B. Arbeits- und gelegentliches Gästezimmer oder Yoga- und Gästezimmer etc.

- Wählen Sie alle Möbel der Raumgröße angemessen aus. Alleine durch die passende Möbelgröße kann sich ein Raum groß oder klein anfühlen.

- Im Allgemeinen gilt bei kleinen Räumen auch kleine(re) Möbel zu nutzen.

- Achten Sie darauf, dass zwischen allen Möbeln immer mindestens so viel Platz ist, dass diese nicht gequetscht wirken und Sie sich frei Drumherum bewegen können.

- Auch das sogenannte optische Gewicht macht einen großen Unterschied. Möbel, die leicht wirken, vermitteln mehr Platzgefühl als optisch schwere Dinge. Denken Sie z. B. an einen leichten schwingenden Sessel aus hellem Holz im Vergleich zu einem dunklen Ledersessel.

Möbel passend zur Größe, mit schlanken Beinen für viel Platzgefühl.

- Suchen Sie deshalb nach hellen Farben bei den Möbeln, der Deko, dem Teppich. Ein heller großer Teppich kann die gefühlte Raumgröße schnell verändern.

- Auch Möbel, die die Farbe der Wand haben, verschmelzen optisch mit der Wand und vergrößern das Platzgefühl enorm.

TIPP Wenn die Möbel eine andere Farbe haben, versuchen Sie es einmal mit einem anderen Bezug oder einer farbig passenden Decke darüber.

- Verzichten Sie auf viele Muster. Wenn Sie Muster verwenden wollen, wählen Sie kleine Muster aus. Muster brauchen Aufmerksamkeit und belegen optischen Platz.

Kann man in diesem kleinen Raum zwei Funktionen unterbringen?   Ja, man kann!

- Beginnen Sie mit dem größten Möbelstück. Das ist normalerweise das Sofa. Stellen Sie es so auf, dass der Fernseher in einem passenden Abstand platziert werden kann.

 **TIPP** Verzichten Sie beim Fernseher auf Mediawände, sondern hängen Sie diesen auf. Das spart wichtige Abstellfläche und ermöglicht, dass darunter ein Sideboard oder Regal stehen kann.

- Platzieren Sie dann zusätzliche Sitzgelegenheiten und verbinden Sie diese mit Abstelltischen, die für alle Nutzer erreichbar sind.

- Suchen Sie am besten Möbel, die als gelegentliche Sitzmöbel dienen können, normalerweise aber eine andere Funktion haben, z. B. einen Hocker der als Couchtisch dienen kann oder Stühle, die als Schreibtischstuhl einfach nur in Position gerückt werden.

- In Wohnzimmern verhelfen Möbel ohne Rückwände, wie Hocker oder eine Chaiselongue, zu mehr Platzgefühl. Der Blick kann so ungehindert schweifen.

- In Essbereichen sind Bänke ideal, die bei Nichtnutzung, einfach unter den Tisch geschoben werden. So halten Sie die Laufwege frei und maximieren das Platzgefühl.

Die zweite Küchenbank wird nur hervorgeholt, wenn Gäste da sind.

- Auch Möbel, die durchsichtig sind, wie Drahtmöbel oder Plexiglasstühle oder -tische, nehmen visuell minimalen Platz ein.

- Bevorzugen Sie Möbel, die Lagermöglichkeiten erlauben, wie Hocker oder kleine Schränke, die gleichzeitig als Abstelltisch dienen können.

- Regalbretter, die direkt ohne Rückwand an der Wand befestigt werden, sind tolle Aufbewahrungsorte und Möglichkeiten, Lieblingsstücke zu zeigen, ohne dass sie viel Raum einnehmen. (Sie können so sogar zu einem Fokuspunkt werden.)

- Stellen Sie grundsätzlich keine Möbel vor Fenster, die höher als die Fensterbank sind.

- Achten Sie auf freie Blickachsen zum Fenster und zum Fokuspunkt.

- Maximieren Sie natürliches und künstliches Licht im Raum. Achten Sie darauf, dass es nur leichte, lichtdurchlässige Fensterbehänge gibt und leuchten Sie den ganzen Raum großzügig aus.

- Lampen in den Ecken vergrößern Räume optisch.

- Materialien, die Licht reflektieren wie Glas, Chrom und Spiegel, nehmen optisch wenig Raum ein und verstärken das Platzgefühl weiter.

- Spiegel maximieren Licht und Raum und sind tolle Wanddekorationen. Es darf auch gerne mal mehr als nur ein Spiegel im Raum sein.

- Auch leere Bilderrahmen sind ein toller optischer Trick.

- Nutzen Sie mehrere kleine Abstelltische statt eines Couchtisches. Sie sind flexibler und bilden im Idealfall ein sogenanntes „Nest" und können ineinandergeschoben werden.

- Nutzen Sie Möbel, die auf Füssen stehen und somit einen Freiraum und den Boden sichtbar lassen. Der Raum wirkt dadurch um einiges größer.

Gardinen, die Raumhöhe vorspielen. Die Möbel und das Bett sind optisch hoch vom Boden, das maximiert das Platzgefühl.

- Ordnung bringt Platz- und Wohlgefühl. Um Ordnung in einem kleinen Raum möglich zu machen, brauchen alle Dinge einen festen Ort. Lassen Sie in kleinen Räumen möglichst wenig herumliegen.

- Denken Sie vertikal. Können Dinge wie Schreibtischplatten direkt an der Wand befestigt werden? Das wiederum bringt Stauraum, um z. B. einen Hocker oder niedrigen Schrank unterzubringen.

- Auch aufgehängte Lampen statt Stehlampen maximieren Platz. Fast unter der Decke aufgehängte Gardinen geben einem Raum mehr Höhe.

- Gardinen in der Wandfarbe verstärken das Gefühl von Raumhöhe noch mehr.

- Lassen Sie bewusst Freiräume im Raum. Es muss nicht in jeder Ecke etwas stehen. Im Regal darf gerne Leerraum bleiben, auch eine Wand kann einfach frei bleiben. Kleine Freiräume steigern das Platzgefühl.

- Und natürlich gilt ganz besonders bei kleinen Räumen: „If in doubt, leave it out." Übersetzt: „Nutzen Sie absolut nur was Sie unbedingt brauchen oder lieben." Wenn Sie sich fragen, ob etwas notwendig ist, lassen Sie es weg. Nirgendwo stärker gilt das Motto „Weniger ist mehr" als in kleinen Räumen.

- Selbst bei Wohnzimmern gilt: Was brauchen Sie wirklich? Die klassische Kombination ist ein Sofa, zwei weitere Sitzgelegenheiten und eine Abstellmöglichkeit. Und diese sollten alle multifunktional eingesetzt werden können.

- Streichen Sie Einbau- und Wandschränke in der Wandfarbe. So verschmelzen diese regelrecht miteinander.

Alles drin auf wenig Raum! Trotzdem fühlt es sich nicht eng an.

Verbinden Sie mehrere kleine Räume, die nebeneinanderliegen, möglichst mit dem gleichen Bodenbelag und dem gleichen Farbschema. Wenn die Farben und der Bodenbelag gleich sind, entsteht das Gefühl von Großzügigkeit.

Eingebaute Sofas und Betten sind die ultimativen Platzsparer und Sie können obendrein gleich noch Lagerfunktionen mit einbauen lassen.

Spezialfall Dachzimmer

Zimmer mit Dachschrägen haben Charme und sind fast immer sehr originelle Räume. Vor allem sind sie etwas für kreative Menschen, denn Standard 08/15 Einrichtungen funktionieren hier oft nicht.

Bei Dachzimmern gilt es daher die Herausforderung anzunehmen und spielerisch einfach Dinge auszuprobieren. Erlaubt ist sowieso was gefällt und diese besonderen Räume sind gut für eine ungewöhnliche Einrichtung geeignet.

Sie sind ideal für zusätzliche Bereiche, die wir sonst vielleicht als Luxus empfinden, wie ein Anziehbereich oder ein begehbarer Kleiderschrank, ein Hobbybereich oder ein ganz eigener Schreibtisch oder ein Rückzugsort zum Entspannen.

Dachzimmer punkten mit Ungewöhnlichkeit, Dramatik und überraschenden Elementen. Lassen Sie sich darauf ein und richten Sie Ihr Dachzimmer mit viel Spaß und Humor ein.

Damit Dachzimmer zu Wohlfühlräumen und nicht Wohnalpträumen werden, hier ein paar Anregungen und Tipps, die Ihnen bei der Ideenfindung helfen.

So einfach gelingt das Einrichten von Dachzimmern:

- Schritt eins ist immer erst einmal in Ruhe den gesamten Raum wahrzunehmen. Gehen, stehen und setzen Sie sich an verschiedene Orte. Halten Sie einen Moment inne. Wie fühlen Sie sich an welchem Ort im Zimmer? Woher kommt das Licht? Wie ist die Stimmung?

- Sie werden vielleicht überrascht sein, dass Sie den Bereich unter einer Dachschräge nicht als bedrückend, sondern als kuschelig empfinden. Wenn dies so ist, dann sollten Sie genau dort eine Funktion möglich machen, die dieser Stimmung entspricht, z. B. eine Arbeitsecke, da Sie die Zurückgezogenheit und Ruhe dort lieben oder eine Sitzgruppe, weil die Dachschräge den Bereich so gemütlich macht.

- Ansonsten dienen die Dachschrägen als perfekte Aufbewahrungsorte.

- Ob als Aufbewahrungsort, Wohn- oder Schlafbereich:
Um optimal einrichten zu können, ist es wichtig, die Höhe der geraden Wand unter der Dachschräge festzustellen. Messen Sie diese Höhe aus und suchen Sie in Ihrem Haus nach möglichen Aufbewahrungsmöbeln, die nicht höher als dieses Maß sind. Denken Sie auch an ungewöhnliche Lösungen wie Schränke, die statt zu stehen in die Schräge gelegt werden, auch wenn man dadurch evtl. nur den vorderen Teil richtig nutzen kann oder Sitzhocker, Körbe und schöne Kisten mit Aufbewahrungsmöglichkeiten.

- Bauen Sie ihre eigenen Aufbewahrungen mit Brettern und kreativen Unterständen dazu.

- Auch einzelne Regalbretter, direkt an der Wand angebracht, passen individuell ganz nach Maß.

- Eingebaute Kleiderschränke oder einfach der Platz für einen in der Höhe verstellbaren Kleiderständer erlauben eine luxuriöse Ankleidezone.

TIPP: Wenn die niedrigsten Bereiche zur Aufbewahrung genutzt werden, dann wirkt der Raum weniger gedrückt, sondern oftmals höher und niemand stört es, dass man sich dort nicht aufhalten kann.

- Arbeiten Sie nicht gegen die Schräge an. Wenn diese den Raum quasi optisch übernimmt, machen Sie die Schräge durch eine andere Farbe zum Zentrum der Aufmerksamkeit.

Mit nach oben strahlenden Leuchten „fällt einem die Decke weniger auf den Kopf".

- Schaffen Sie einen klaren Fokuspunkt. Das Auge braucht bei dieser Raumform sofort einen ersten Ankerpunkt. Wenn es nicht die Sitzgruppe oder das Bett ist, kann es ein Lieblingsstück oder größere Deko sein.

TIPP: Keinen Platz für Ihr großes Lieblingsbild? Stellen Sie es einfach auf eine Staffelei.

- Dachzimmer sind ideale Kinderzimmer. Hier können Sie so richtig verrückte Sachen probieren, z. B. die Dachschrägen mit Streifen, Punkten oder tollen Mustertapeten versehen.

- Achten Sie bei Schlafzimmern darauf, dass das Bett nicht ein Fenster zustellt. Versuchen Sie in so einem Fall ob es möglich ist, das Bett ein wenig gewinkelt in den Raum zu stellen.

- Haben Sie keine Angst vor freien Flächen.

Luxuriöses Schlafzimmer.

Ein zusätzliches Gästezimmer.

Fallbeispiel
Der Raumtausch von Wiebke Rieck

Vielleicht kennen Sie mich noch als Autorin der Bücher „Home Staging" oder „Wohlfühlfaktor Farbe"?
Dann wissen Sie, dass ich Innenarchitektin bin, aber seit einigen Jahren Home Stager aus Leidenschaft. Aufgrund dieses Buches habe ich meine Redesign Fähigkeiten getestet und zwar in den eigenen vier Wänden. Auf diese Reise möchte ich Sie gerne mitnehmen.

Mein Mann und ich wohnen seit knapp zehn Jahren in unserer Wohnung in Witten. Wir haben sie damals gekauft und eigenhändig umgebaut. Die Elektrik wurde komplett erneuert, ein Bad installiert, die Küche selbst gebaut usw. Nach fast einem Jahr leben auf der Baustelle stand der Weihnachtsabend vor der Tür und damit die Einladung der Familie ins neue Heim. Mit letzter Energie bastelten wir aus der Baustelle eine Wohnung – das berühmte Fußleistenstadium wollten wir dann im neuen Jahr erledigen. Sie ahnen es schon, wir erreichten es nie. Und so arrangiert man sich jahrelang, bis man eines Tages merkt, dass man mit dem Zustand doch nicht so glücklich ist.

Damals hatten wir uns das kleinere von zwei Zimmern als Schlafzimmer ausgesucht. Dort schläft man ja nur, da braucht man außer den Kleiderschränken nicht viel Platz. Das wahre Leben geht oft einen anderen Weg: man sammelt. Ob es die Sommer- oder die Winter-Garderobe ist, von der man immer die eine Hälfte nicht im Schrank haben will, über Berge von Zeitschriften, die man mal lesen möchte bis hin zu Elchköpfen an der Wand, die eigentlich nur mal im Winter für weihnachtliche Stimmung sorgen sollten, wozu sich im Laufe der Zeit aber eine ganze Sammlung von Tierchen gesellte, die so langsam vor sich hin staubten.

Die Ecken füllten sich im Laufe der Zeit...

...mit allerlei Zeug und Krempel.

Das zweite und etwas größere Zimmer sollte eigentlich zum Männerzimmer werden. Mein Gatte wollte es rot und der Schreibtisch des Vaters und Omas Kleiderschrank mussten dort Platz finden.

Der Anfangsgedanke ging dahin, dass Mann auch mal etwas anderes im TV schauen kann, wenn Frau sich mit Shopping Queen vergnügt.

Aber auch hier lief es anders: Der Raum wurde gar nicht sinnvoll genutzt und verkam zur Abstellkammer. Wenn man viel Platz hat, dann stellt man auch viel (meist Unnützes) hinein.

Bevor Iris mir ihre ersten Leseproben zum Thema Redesign gab, hatte ich mit dem Gedanken gespielt, das gelbe Schlafzimmer in einer anderen Farbe zu gestalten. Dann stieß ich aber auf die Bedarfs- und Raum-Analyse und aus Spaß gingen wir das an einem Nachmittag im Eiscafé mal durch.

Wir merkten, dass eigentlich ein Tausch der Zimmer die beste Lösung wäre und dann folgte eine spannende Woche mit überraschendem Ende!

Der Schrank, der Schreibtisch und viel Chaos.

Am Anfang steht die theoretische Planung:

Schritt 1: Wünsche klären – die Bedarfs- und Raumanalyse

Wie wollen wir die Räume eigentlich nutzen? Natürlich ist das Schlafzimmer zum Schlafen da, aber schön wäre es auch, wenn man sich tagsüber mal gemütlich mit einem Buch- oder Hörbuch zur Entspannung zurückziehen könnte. Die zwei großen Fenster im großen Zimmer bieten die Möglichkeit, in den Himmel zu schauen, außerdem kommt nachts mehr frische Luft hinein. Mehr Stauraum, den man vor allem sinnvoll organisieren kann, stand auch ganz oben auf unserer Wunschliste und auch, dass die Bücher, die im Wohnzimmer schon in Dreierreihen stehen, einen besseren Platz finden. Lässt sich vielleicht auch der Traum vieler Frauen realisieren: ein Ankleidezimmer?

Das kleine Zimmer soll fortan nicht einfach ein kleinerer Abstellraum werden, sondern ein Arbeitszimmer. Durch meine Selbstständigkeit fällt neben technischem Gerät auch viel Papierzeug wie Ordner, Bücher, Geschäftspapiere, Steuerunterlagen etc. an. Das alles hatte bislang keinen bestimmten Platz, das sollte sich nun ändern. Im großen Zimmer hatten wir den Schreibtisch immer nur als Abstellfläche genutzt und die Möbelfarbe zur roten Wand hatte mir persönlich nie so ganz gefallen.

Der Plan stand und ganz im Sinne des Redesign sollte nichts neu gekauft werden und alle vorhandenen Möbel Wiederverwendung finden. Vor meinem innenarchitektonischen Auge entstand schon ein Bild, obwohl ich mir bei einigen Möbeln, wie dem großen Regal, nicht so sicher war, wo es seinen Platz finden würde.

Schritt 2: Der Plan für die Möbel, wo wird was stehen?

Der Möblierungsplan sah zunächst folgendermaßen aus: Die Kleiderschränke bleiben im kleinen Zimmer, weil sie dort eingebaut sind. Die Garderobe zieht mit ins Schlafzimmer und so ist im alten Schrank Platz für Büroequipment und Ordner. Der Schreibtisch und der alte Kleiderschrank sollten hierher umziehen und würden als Grundlage für die Farbgebung dienen.

Im großen Zimmer kann das Bett wieder frei im Raum stehen, damit man die Fenster im Blick hat. Das alte Kopfteil könnte an der rechten Wand Platz finden oder es wird wieder zum Kopfteil. Das hing davon ab, wo das große Regal künftig steht.

Man kann noch so viel mit Zollstöcken messen oder mit Platzhaltern Möbelstellungen andeuten. Die Wirkung der echten Möbel ist doch noch einmal etwas völlig anderes. Machen Sie sich also nicht verrückt, wenn ihr Plan noch nicht 100%ig aufgeht, sondern lassen Sie Luft für spontane Entscheidungen.

Schritt 3: Ausmisten

Jeder hat irgendwelches Zeug herumliegen, das keiner jemals wieder braucht. Die vielen fünf bis sieben Jahre alten Zeitschriften, die bereits viel zu klein gewordenen Klamotten unter dem Bett, die vielen Ecken mit dem angesammelten Kleinkram usw. Das alles möchte man in einem neuen Zimmer doch nicht mehr in die Ecken stopfen. Auch wenn es mir persönlich schwerfällt Dinge wegzuwerfen, jetzt war der richtige Zeitpunkt gekommen.

Ohne Deko sieht der Raum schon ganz anders aus.

Schritt 4: Ausräumen

Im Idealfall räumt man die Zimmer einmal komplett leer. Zum einen bekommt man so einen neutralen Eindruck vom Raum und auch mehr Ideen für die Neuaufstellung der Möbel.

Soweit es ging, wurden alle Möbel ausgeräumt.

Wenn man die Wände und die Decke streichen will, macht man sich das Leben dadurch leichter. Sinnvoll ist es, auch bei diesem Schritt weiter auszusortieren: Welche Dinge sollen später im neuen Zimmer wieder Platz finden und welche nicht? Was passiert mit den aussortierten Dingen? Verschenken oder verkaufen ist oft sinnvoller, als einzulagern. Aber man merkt auch, woran das Herz hängt und manchmal tauchen auch lang vergessene (oder vermisste) Dinge wieder auf.

Bei diesem Schritt stürzt der Rest der Wohnung ins Chaos: Irgendwo müssen die ausgeräumten Sachen ja hin und man selbst auch…

Chaos in der Wohnung.

Camping im Wohnzimmer.

Schritt 5: Farbe

Gelb für das Schlafzimmer war eine angenehme Farbe. Rot für das „Männerzimmer" hat mir persönlich nie richtig gefallen. Nach einigen Jahren hat man sich aber an beiden Farben sattgesehen.

Das neue Schlafzimmer wollten wir lieber neutral halten. Es ist dann einfacher mit Bettwäsche, Vorhängen, Deko oder Bildern Farbtupfer zu setzen und die kann man ganz schnell wieder austauschen. Die großen Möbel waren alle Weiß, aber ganz nüchtern sollte die Atmosphäre auch nicht werden. Wir suchten uns einen warmen Grauton aus. Er bildete einen schönen Kontrast zum Weiß der Möbel, passt gut zur Streifentapete und ist ein neutraler Untergrund für jede Art von Dekoration.

Das neue Arbeitszimmer sollte in erster Linie eine Farbe bekommen, die gut mit den alten Möbeln harmonierte. Auch wenn ein neutraler Grauton hier ebenfalls möglich gewesen wäre, etwas mutiger wollten wir dann doch sein, vor allem weil wir uns im Arbeitszimmer weniger aufhalten als im Schlafzimmer. Die Entscheidung fiel hier auf einen dunklen Blauton, den wir uns im Baumarkt mischen ließen.

Es folgte das Abenteuer Anstreichen: Kennen Sie diesen Moment, in dem Sie den Farbeimer öffnen und die Farbe, die Sie zuvor nur auf einem briefmarkengroßen Stück Papier gesehen haben, auf einmal live vor sich sehen? Ich war leicht geschockt, wie knallig das Blau wirkte. Und es wurde auch überhaupt nicht besser, als wir anfingen die Ecken vorzustreichen.

An dieser Stelle möchte ich gerne alle beruhigen, die in solchen Momenten direkt wieder loslaufen möchten, um andere Farbe zu kaufen.

Zunächst einmal können Sie sich im Vorfeld bereits versichern. Fragen Sie nach, ob sie eine Probiergröße bekommen und streichen Sie damit ein großes Papierstück oder eine Leinwand an, um die Wirkung zu testen. Leider ist das nur eine erste Hilfe, aber das ganze Zimmer wird am Ende immer komplett anders wirken. Das hängt auch ganz stark davon ab, welche Farbe der Untergrund hat.

Die gelben Wände beeinflussten die blauen Ecken. Dieser Effekt nennt sich Simultankontrast, aber das Auge lässt sich täuschen, unsere Empfindung ist real nicht vorhanden.

Streichen Sie zu Ende und lassen Sie die Farbe trocknen. Beurteilen Sie erst dann.

Merkwürdig, die gelbe Wand mit den blauen Ecken.

Am Ende des Tages war ich total begeistert und habe erst einmal diverse Dekorationsgegenstände angeschleppt, um deren Wirkung vor den tollen blauen Wänden zu testen.

Beim Überstreichen der roten Wand konnten wir einen ähnlichen Effekt beobachten. Aber hier war ich sehr viel schneller überzeugt, dass dieses Zimmer zukünftig eine sehr viel ruhigere Stimmung haben würde.

Das Problem mit der Streifentapete: Diese sollte bleiben, sprang mich aber optisch regelrecht an, nachdem kein Regal mehr davor stand.

Schritt 6: die Möbel ziehen wieder ein

Schock! Schreibtisch und der alte Kleiderschrank sehen zwar vor den blauen Wänden toll aus, aber proportional sind sie eine Katastrophe. Der Raum wirkt auf einmal viel enger. Die Euphorie des Vortags ist wie weggeblasen.

Da die Möbel schwer sind und den Boden verkratzen, bedienen wir uns moderner Technik und basteln sie im Foto seitenverkehrt in den Raum. Diese Lösung scheint auf jeden Fall besser zu sein. Vor allem der Schrank kommt dem Fenster nicht mehr in die Quere.

Als die Möbel am neuen Platz stehen, sieht es zwar besser aus, aber ideal ist es immer noch nicht. Glücklicherweise gab es einen Teppich, genau in Schreibtischbreite, den wir quer in den Raum legen konnten. Das hat viel ausgemacht. Auf einmal stimmte die Proportion, weil der Teppich die Breite betonte und noch eine andere Haptik mit hereinbrachte.

Die Kunst ist immer auch im frühen Stadium einen stimmigen Rahmen zu schaffen. Der Kleinkram, wie Licht und Deko ergänzen dann nur.

Wenn Sie das Gefühl haben, etwas fühlt sich in einer frühen Phase noch nicht gut an, rücken Sie die Möbel noch einmal hin und her. Manchmal sind es nur ein paar Zentimeter in die eine oder andere Richtung, die es am Ende ausmachen.

In echt und im Bild verdreht. Etwas Vorstellungskraft braucht man trotzdem noch.

Im Schlafzimmer mussten wir uns nun entscheiden, was wohin kam. Das Bett sollte auf jeden Fall vor den Fenstern im Raum platziert werden. Die neuen Kleiderschränke kamen dahinter an die Wand. Jetzt stellte sich raus, dass es ein Glück war, dass unsere Wunsch-Schranktüren gerade nicht verfügbar waren, sie hätten einen Blaugrau-Ton gehabt, der nicht optimal wäre. Bis heute haben wir noch keine Türen. Das hat uns 400 Euro gespart.

Im neuen Schlafzimmer war jetzt noch das Betthaupt, das aus drei Einzelregalen zusammengeschraubt war und das große Regal übrig. Direkt daneben erdrückte das große Regal das Bett optisch durch seine Höhe. Es passte aber genau dahinter. Der schöne Nebeneffekt ist, dass so tatsächlich eine Art Ankleide entstand. Auf der einen Seite die offenen Schränke und auf der anderen Seite das Regal, das mit Kisten für Socken und Co. bestückt werden konnte. Selbst bei geöffneten Vorhängen kann man sich nun umziehen, da man durch das Regal einen Sichtschutz hat.

Von der Bettseite klemmten wir Leselampen daran, ein F wurde elektrifiziert, sodass die Musikbox für die Hörbüch angeschlossen werden konnte. Die offenen Fächer sind gut als Nachttisch zu gebrauchen.

Das frühere Betthaupt schraubten wir auseinander, damit alle Öffnungen nach vorn zeigten. Wir stellten es vor die Streifentapete, die dann schon sehr viel weniger flimmerte.

Schritt 7: die Deko

Der Rahmen war gegeben. Man konnte nun alles hinstellen und es sah toll aus. Jetzt nicht übertreiben und nur die wichtigen und schönsten Dinge hinstellen. Lieber wechsle ich ab und an, als zu viel auf einmal zu zeigen bzw. sehen zu müssen.

Resümee: Es hat sich gelohnt! Wir sind mit dem Endergebnis vollkommen zufrieden und fühlen uns sehr wohl!

Und hier noch ein direkter Vorher-Nachher-Vergleich:

Erstaunlich, wie sich das Platzgefühl und die Atmosphäre geändert haben!

Zuhause Arbeiten: Homeoffice!

Im Homeoffice zu sein ist ein Traum von vielen Menschen. Nicht nur die Zeit- und Kostenersparnis durch den Wegfall des An- und Abfahrtweges, sondern auch die Möglichkeit in seinem persönlichen Umfeld zu arbeiten, empfinden viele Menschen als Gewinn an Lebensqualität. Durch die Corona-Pandemie wurde deutlich, dass sogenannte mobile Arbeitsplätze funktionieren und Firmen flexibler mit diesen Möglichkeiten umgehen.

Wenn die Option Homeoffice für Sie Zukunft hat, dann sollten Sie sich über Ihren Arbeitsplatz zu Hause Gedanken machen. Ein Homeoffice ist mehr, als ein aufgeklappter Laptop auf dem Küchentisch. Das Arbeiten zu Hause sollte Spaß machen, inspirieren, effektiv und kreativ sein.

Die meiste Zeit des Tages verbringen wir am Arbeitsplatz und das fünf Tage die Woche (und manchmal mehr). Deshalb sollte unser Arbeitsplatz gut funktionieren und schön sein. Schließlich hat ein Ort, an dem wir gerne arbeiten, auch Einfluss auf die Qualität unserer Arbeit, auf unseren Erfolg und auf unsere Gesundheit.

Wie sollte also Ihr ideales Homeoffice aussehen? Was ist zu tun, wenn kein separater Raum für ein Büro zur Verfügung steht oder sogar zwei Personen gleichzeitig von zu Hause aus arbeiten? Was ist wichtiger: die Ergonomie oder die Ästhetik?

Unsere ganz eigenen individuellen Bedürfnisse sollten im Idealfall entscheiden. Brauchen Sie absolute Ruhe oder wünschen Sie sich einen schönen Ausblick? Wie viel Platz brauchen Sie? Welche Bedingungen wie Licht, Sitz- und Ablagemöglichkeiten etc. müssen erfüllt werden?

Auf alle Möglichkeiten eines perfekten Homeoffice einzugehen, würden den Rahmen dieses Buches sprengen. Vielleicht helfen Ihnen die folgenden Ideen aber dabei, mit möglichst vorhandenen Dingen, Ihren Wohlfühl-Arbeitsplatz in Ihrem Zuhause zu schaffen.

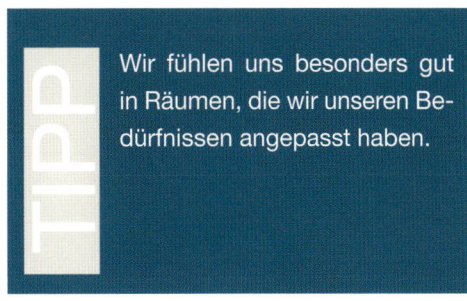

TIPP Wir fühlen uns besonders gut in Räumen, die wir unseren Bedürfnissen angepasst haben.

Uns mit dem zu umgeben, was wir lieben, macht uns kreativ und produktiv.

Zunächst die Basis: der Ort für den Arbeitsplatz

Die schönste Möglichkeit ist natürlich ein eigener Raum – ein Zimmer, in dem Sie sich zurückziehen und die Tür bei Bedarf schließen können. Sollten Sie sich in dieser glücklichen Situation befinden, haben Sie viele Möglichkeiten und können Ihr Homeoffice nach Ihren eigenen Vorstellungen und Wünschen gestalten.

Ein separates Arbeitszimmer entspricht jedoch oft nicht der Realität. Viele Menschen werden auch zukünftig ihren Arbeitsplatz in die bereits vorhandene Wohnsituation integrieren müssen. Oftmals bestand gar nicht die Möglichkeit, von zu Hause arbeiten zu können und z. B. ein Zimmer für jedes Kind war oder ist auch heute noch wichtiger als ein eigenes Arbeitszimmer.

Zuhause arbeiten ohne separates Homeoffice Zimmer.

Arbeiten und Wohnen sind hier wunderbar getrennt.

Natürlich kann ein Arbeitsplatz eine Doppelfunktion haben: z. B. tagsüber der Ort zum Arbeiten und abends der Essplatz für die Familie.

Damit dies etwas einfacher klappt, hierzu ein paar generelle Tipps:

- Meine Empfehlung: Versuchen Sie einen Ort zu finden, an dem Sie regelmäßig arbeiten können und vor allem auch wollen. Sie sollten sich dort rundherum wohlfühlen.

- Ist die Entscheidung für diesen Ort gefallen, z. B. der Küchentisch, sollte nun ein Platz für alle arbeitsbezogenen Dinge gefunden werden. Wo kann vom Drucker bis zu den Unterlagen und sonstigen Utensilien am Ende des Tages alles gelagert werden?

- Meine Lieblingslösungen sind schöne Boxen. Wenn diese viel Gewicht aushalten müssen, dann gerne auch eine Box auf Rollen. So kann am Ende des Tages alles schnell verpackt und weggerollt werden.

- Dunkle Ecken sind für einen Wohlfühl-Arbeitsplatz meistens ungeeignet. Um langfristig gut arbeiten zu können, haben Sie einen Platz verdient, an dem Sie gerne sind, es hell ist und Sie sich nicht mehrmals am Tag den Kopf stoßen.

- Denken Sie über Ihre bisherigen Räume einmal nach: Ist Ihr Arbeitsplatz nicht wichtiger als z. B. das Gäste- oder Bügelzimmer? Wie oft haben Sie wirklich Gäste? Bügeln Sie jeden Tag, sodass das Bügelbrett immer griffbereit stehen muss? Aus so einem Zimmer können Sie leicht Ihr Homeoffice machen, ohne dass die anderen Funktionen ganz verschwinden müssen.

- Um die Arbeit aber von der Freizeit abzugrenzen, ist es ratsam, den Arbeitsbereich auch visuell in irgendeiner Form zu trennen. Von der Pflanze bis zum Regal oder einem Vorhang ist alles möglich. Schön ist, wenn man auch zu Hause den Arbeitsplatz „verlassen" kann.

- Optimal ist es, wenn während Ihrer Freizeit nicht ständig der Blick auf den Arbeitsplatz fällt. Das kann dazu führen, dass man sich doch mal hinsetzt und noch schnell etwas abarbeitet.

- Ein schön gestalteter Arbeitsbereich muss nicht teuer sein. Wenn Sie wissen, wonach Sie suchen, ist es durch die Prinzipien des Redesign leicht, alles Notwendige zu finden.

Arbeitsplatz neben der Küche.

Im Wohnzimmer kann der Arbeitsplatz so auch als Essplatz für Freunde dienen.

Hier werden die Bereiche visuell getrennt....

... und die Unordnung eines Partners für den anderen verde

Arbeiten im Wohnzimmer

Unser Wohnzimmer ist meistens der größte Wohnraum. Deshalb liegt der Gedanke oft nahe, dort einen Arbeitsplatz hinzuzufügen. Die größte Herausforderung ist aber, im bisher schön gestalteten Wohnzimmer keine „Büroatmosphäre" entstehen zu lassen. Durch zu viele Möbel und Unordnung kann der wichtigste Entspannungsort dann keine Entspannung mehr bieten.

Ein paar Tipps, damit der Arbeitsplatz im Wohnzimmer gelingt:

- Besonders gut eignen sich Nischen. Gibt es bei Ihnen eine? Oder bietet sich ein Platz geradezu an? Wie wird dieser momentan genutzt? Kann die bisherige Funktion dem Arbeitsplatz weichen oder an einem anderen Ort stattfinden?

- Wenn sich erstmal nichts anbietet, kann dann ein Platz geschaffen werden? Zum Beispiel mit Regalen oder den für den Arbeitsplatz vorgesehenen Möbeln?

- Überprüfen Sie, ob es einen Ort in der Nähe eines Fensters gibt. Der Blick nach draußen inspiriert und Sie fühlen sich nicht vom Rest der Welt isoliert. Es entspannt auch die Augen nach draußen zu schauen statt stundenlang nur auf den Bildschirm.

- Kann vielleicht der Esstisch im Wohnzimmer verkleinert oder als Arbeitsplatz genutzt werden? Ist dieser Esstisch zusätzlich zu einem Küchentisch aufgestellt, dann überlegen Sie, wie oft er wirklich genutzt wird?

- Kann ein Arbeitstisch auf Rollen genutzt werden, der dann nach Arbeitsende an einen anderen Ort gerollt wird?

- Gibt es ein Möbelstück, z. B. einen Sekretär, der momentan als Stauraum für etwas anderes genutzt wird und für seine ursprüngliche Funktion reaktiviert werden kann? Möbel, die zugeklappt werden können, sind toll, weil sie das Büro direkt nach der Arbeit wieder verschwinden lassen.

- Nutzen Sie als Arbeitsplatz jedoch nicht den Couchtisch mit Blickrichtung zum Fernseher.

Hier eine selbst geschaffene Arbeitswohlfühlnische.

So funktioniert das Arbeiten im Schlafzimmer: abends ein völlig leerer Tisch oder die optische Trennung durch z.B. hier den Vorhang.

Arbeiten im Schlafzimmer

Aus verschiedenen Gründen ist unser Schlafzimmer kein idealer Ort für einen Arbeitsbereich. Der Hauptgrund ist der, dass Sie versuchen sollten, Arbeiten und Schlafen räumlich voneinander zu trennen. Das Schlafzimmer sollte ein Ort der totalen Entspannung sein und während Sie im Bett liegen, sollte Sie nichts an die Arbeit erinnern. Gibt es aber keine andere Möglichkeit für ausreichend Platz und ungestörtes Arbeiten, dann beachten Sie die nachfolgenden Tipps, wie ein Arbeitsplatz im Schlafzimmer eingerichtet werden kann.

Auch hier einige Tipps für den Arbeitsbereich im Schlafzimmer:

- Den wichtigsten Rat zuerst: Nutzen Sie zum Arbeiten nicht das Bett. Es verführt gegebenenfalls zu vielen Pausen und einer zu entspannten Situation, unter der wiederum die Produktivität leidet. Außerdem sollte der Arbeits- und Schlafbereich der Gesundheit zu liebe klar voneinander getrennt werden, sonst besteht die Gefahr, dass Sie die Arbeit mit in den Schlaf nehmen.

- Eine visuelle Trennung sollte im Schlafzimmer daher absolute Priorität haben.

- Suchen Sie nach einer Möglichkeit, die Arbeitszone am Ende des Tages „schließen" oder „verstecken" zu können. Dies kann z. B. durch die Platzierung eines Paravents, Vorhangs, Regals oder eine Pflanze erfolgen.

- Vergessen Sie nicht, dass all die kleinen (Stand-by-)Lampen, die an elektrischen Geräten leuchten, unseren Schlaf nachgewiesenermaßen stören.

- Ist es möglich einen Arbeitsbereich so zu installieren, dass dieser vom Bett aus nicht zu sehen ist?

- Ein im Kleiderschrank freigeräumtes Regal könnte für Ordner und Boxen des Homeoffice genutzt werden. Hier könnten dann auch die Elektrogeräte „sicher" verschwinden.

Arbeiten im Gästezimmer

Das Gästezimmer ist als zusätzlicher Arbeitsplatz eine großartige Idee! Wie viele Tage im Jahr haben Sie Gäste? Im Vergleich zu den Stunden, die Sie arbeiten, wird ein Gästezimmer normalerweise sehr wenig genutzt. Es ist also ein idealer Ort, um dort eine kleine Oase zum Arbeiten einzurichten.

Das Idealste wäre ein Raum, der ohne Gäste ein Büro ist und bei Bedarf durch wenige Handgriffe in ein Gästezimmer verwandelt werden kann. Damit dies gelingt, kommt es hauptsächlich auf die Wahl der Möbel an. Hier gilt die Devise, dass möglichst alles mehrfach nutzbar sein sollte.

Einige Ideen, um die Doppelnutzung eines Arbeits- und Gästezimmers einfacher zu machen:

- Um den Raum in einer Doppelfunktion möglichst effektiv nutzen zu können, sollte das ggf. vorhandene Doppelgästebett durch ein Schlafsofa ersetzt werden. Ich rate nicht oft dazu, vorhandene Dinge durch neue zu ersetzen, aber hier sehe ich dies als eine gute Investition an. Ein Bett im Arbeitszimmer ist einfach keine gute Idee. Der zusätzliche Raum, der geschaffen wird, ist enorm.

- Könnte der Tisch, an dem Sie normalerweise arbeiten, dann für Gäste z. B. als Schmink- oder Ablagetisch ähnlich wie in einem Hotel dienen? Wenn ja, dann suchen Sie nach einem optisch passenden Möbelstück.

- Wenn der Tisch dort stehen muss, wo bei einer Gästenutzung das Bett stehen würde, könnten Sie eine Tischplatte als Arbeitstisch nutzen. Diese wird anstatt auf zwei Böcken auf passend hohe Nachttische oder kleine Kommoden gelegt. Die Platte kann dann bei der Wandlung in ein Gästezimmer einfach an der Wand hinter oder unter dem Bett verschwinden

- Normalerweise sollten Sie auf einem ergonomisch geformten Bürostuhl, möglichst mit Rollen, sitzen. Dieser kann, um den Gästen ein schönes Zimmer anbieten zu können, z. B. gegen einen kleinen Hocker ausgetauscht werden und kurzzeitig im Keller oder einem anderen Raum verschwinden.

- In Regale können Sie schöne Boxen stellen, in denen Ihre Büromaterialien bei Bedarf verschwinden. Ebenso können Sie in diesen Boxen Dinge lagern, die Sie für Ihre Gäste bereit halten, z. B. Gästehandtücher, Kosmetikartikel, Leselampen.

Regale mit Haken sind tolle Stauwunder in Gäste- oder Arbeitszimmern.

- Achten Sie auf ausreichend und unterschiedliche Arten der Beleuchtung und natürlich darauf, dass die Lampen nicht nur reine Bürolampen sind. Für Gäste können Sie auch kurzfristig helle Energiesparleuchtmittel, die Sie evtl. zum Arbeiten benötigen, gegen warmweiße oder weniger helle austauschen.

- Finden Sie einen Ort, an dem Dinge wie Bettdecken, Kissen und Bettwäsche gelagert werden können. Prüfen Sie, ob dort im Fall der Gästenutzung z. B. Ihre ganzen Büromaterialien gelagert werden können?

- Schaffen Sie mit persönlichen Bildern und Dekorationen, die Sie lieben, eine ganz persönliche Wohlfühloase.

- Ein schmales Regalbrett, das z. B. an einer ganzen Wand entlang läuft, nimmt wenig Platz weg, sieht gut aus und ist eine großartige Möglichkeit, viel unterzubringen.

- Mit einer Reihe schöner Haken, können Sie den Platz für einen Kleiderschrank in diesem Zimmer sparen. Hier finden die Kleidungsstücke Ihrer Gäste während des Aufenthaltes einen Platz. Ist das Gästezimmer wieder Büro, finden Sie bestimmt schöne oder nützliche Dinge, die Sie an die Haken hängen können.

- Bei einer Doppelnutzung empfiehlt sich eine ruhige Wandfarbe. Farben mit viel Weiß- oder Grauanteil, also eher pastellige oder gedeckte Töne sind eine gute Wahl, auch helles Grün funktioniert gut.

- Oft funktionieren auch zwei Farben, um Zonen zu bilden. Den Arbeitsbereich in einem helleren Ton einer Farbe und den Schlafbereich in einem dunkleren Ton derselben Farbe.

Tipp für den Kauf eines Schlafsofas:
Unbedingt darauf achten, dass dieses Staumöglichkeiten hat.

Schreibtische dürfen auch schön und edel aussehen. *Eine Tischplatte auf Böcken ist schnell weggeräumt.*

Arbeiten im Flur oder einem Durchgangsbereich

Flur- oder Durchgangsbereiche sind eine oft unterschätzte Möglichkeit für einen Arbeitsplatz. Gibt es einen größeren Bereich am Treppenaufgang, der eine Wand hat, an der ein paar Regale angebracht werden können? Dann könnte hier der Ort für Ihr Homeoffice sein. Der Trick ist, möglichst jeden Zentimeter an Platz zu nutzen. Daher sind Möbel, die entweder auf Maß zugeschnitten und an der Wand installiert werden, oft eine gute Möglichkeit.

Tipps zum Arbeiten in Fluren oder Durchgangsbereichen:

- Installieren Sie möglichst in der Länge der Wand mehrere Regale übereinander und montieren Sie in Ihrer Arbeitshöhe einfach ein doppelt breites Regal, und schon ist ein Arbeitsplatz mit Staufläche entstanden.

- Streichen Sie den Bereich hinter den Regalen in einer anderen Farbe als der Wandfarbe. Wie wäre es mit einem breiten Streifen in Ihrer Lieblingsfarbe?

Richtig gut sehen: Licht!

Zum Arbeiten muss es nicht immer eine Schreibtischlampe sein. Nichts spricht gegen eine schöne Lampe, die Ihnen schon Freude bringt, sobald Sie sie sehen. Sie muss nur hell genug leuchten und so stehen, dass weder Sie geblendet noch der Bildschirm gespiegelt werden.

Von einer Stehlampe hinter oder neben dem Schreibtisch bis zur 1970er-Jahre Küchenleuchte ist alles möglich. Besonders schön sind verschiedene Leuchten für verschiedene Funktionen und Stimmungen. Gerade zu Hause dürfen Lampen nicht nur funktional sein, sondern unseren schwankenden Launen angepasst werden.

Bei mobilen Arbeitsplätzen innerhalb der eigenen vier Wände, sind Lampen, die an der Wand, der Tischplatte oder am Regal befestigt werden, oft eine gute Lösung.

Zoom & Co.: Licht bei Webkonferenzen

Bei Webkonferenzen sollte das Licht immer von vorne kommen. Das verhindert, dass Ihr Gesicht schlecht bis wenig zu sehen ist. Licht von oben wirft oft hässliche Schatten und lässt Sie aussehen, als kämen Sie direkt von einer Party. Je nachdem wie oft Sie solche Konferenzen haben, lohnt es sich die Investition in eine gute Lampe. Sollte es eher selten sein oder Sie auf die schnelle an einen anderen Ort umziehen müssen, reicht auch eine helle Lampe direkt hinter der Kamera des Computers. Strahlt sie zu hell in Ihre Augen, kleben Sie einfach ein Blatt weißes Papier davor.

Eine Lampe, die in einem Kreis hinter der Kamera steht, schmeichelt als Licht am meisten.

Styling-Ideen für den persönlichen Wohlfühl- und WOW-Faktor

Befreien Sie sich von der Idee eines „richtigen Schreibtisches" oder „echten Büromöbeln" wie eines Schreibtischstuhls, einer Schreibtischlampe etc.

Hier sind ein paar Ideen:

- Ihre Lieblingsfarbe! Welches ist die Farbe, die Ihnen gute Laune macht, Ihnen schon morgens Energie gibt, bei der Sie quasi immer lächeln? Ein fröhliches Gelb oder verrücktes Orange? Dann gönnen Sie sich in Ihrem Arbeitsumfeld auf jeden Fall diese Farbe! Seien Sie mutig! Es müssen ja nicht gleich ganze Wände in der Farbe gestrichen werden. Das knallige Orange oder Gelb kann sich auch in Ihrer Lieblingstasse, einem Bild oder den Aufbewahrungsboxen wiederfinden.

- Malen Sie mit Kreide- oder Magnetfarbe eine Fläche an die Wand und nutzen Sie diese als Notizbrett.

- Große Magnettafeln eignen sich prima als Moodboards und für Ideen.

- Klemmbretter, die mit Nägeln an der Wand befestigt werden, sind gleichzeitig Deko und praktische Ordner von Papieren (das spart den Ablagekorb auf dem Tisch).

Hier ist die Lieblingsfarbe an der Wand und auch Lieblingsbücher und Bilder sind griffbereit.

Weitere Möglichkeiten Klemmbretter zu nutzen.

Sie sorgen für gute Luft und gute Laune: Pflanzen und (Lieblings-)Blumen!

 Blumen sind meine persönlichen Gute-Laune-Verbreiter und ich freue mich immer auf den Frühling, Sommer und Herbst mit einem Feuerwerk an Farben, ganz besonders auf Tulpen und Sonnenblumen.

- Lieblingszeitschriften kann man prima auf Kleiderbügeln an die Wand hängen.

- Vasen, Einmachgläser, Milchkännchen, Körbe und Co. eignen sich toll als Stifthalter.

- Standleuchten können auch prima als Schreibtischlampen funktionieren.

- Ein Tisch auf Rollen oder Böcken lässt sich schnell und einfach zum Arbeiten vor das Lieblingsfenster rücken und abends aus dem Weg.

- Erinnerungsstücke aus dem Urlaub oder von schönen Momenten machen Sie glücklich und bringen Sie mit Sicherheit schnell wieder in kreative Stimmung.

- Auch die Regale, in denen die Aufbewahrungsboxen stehen, sind immer dann am schönsten, wenn sie einen ganz persönlichen Mix aus Arbeit und dem zeigen, was wir einfach nur lieben.

- Spielen Sie mit unterschiedlichen Farben und Materialien, die Sie gerne anfassen und die Sie gerne mögen.

- Ein Arbeitsbereich kann wunderbar farblich oder mit ein paar Tapetenstreifen abgegrenzt werden.

Bei den Experten nachgefragt

Auch die Profis haben ein Zuhause. Klar, aber leben sie so, wie sie es ihren Kunden tagsüber vermitteln. Ich habe nachgefragt.

STEFAN KNOPF:
Er ist ist ein ungewöhnlicher Innenarchitekt, denn gutes Design ist für ihn unsichtbar. Es zieht ihn immer dahin, wo Menschen ihn bei der Arbeit inspirieren. Dadurch zieht er, im Gegensatz zu den meisten von uns, häufig und vor allem gerne um. So ist er zu einem Profi in Sachen Neuanfang geworden und konnte seinen Beruf aus vielen neuen Blickwinkeln betrachten. Er selbst beschreibt sich als „modernen Nomaden", mit viel Neugier, offenen Augen und weitem Herzen. Mit seiner Arbeit verfolgt er ein großes Ziel. Seine Denkweise rückt den Menschen auf eine neue Art in den Mittelpunkt der Innenarchitektur. Er erzählt uns, was Wohnen für ihn bedeutet.

Was bedeutet Zuhause für Sie?
Zuhause ist da, wo sich mein Laptop automatisch mit dem WLAN verbindet. Für mich spielen Orte, an denen ich regelmäßig bin und mich wohlfühle, genauso eine Rolle wie meine Wohnung. Das Café an der Ecke ist für mich wie der Salon meiner Wohnung.

Sind Sie schon häufig umgezogen?
Ja! Manchmal sogar zweimal in einem Jahr, aber das waren dann nur „Korrektur-Umzüge". Wenn ich in eine unbekannte Stadt ziehe, habe ich nicht die Zeit und das Geld, um lange nach der perfekten Wohnung zu suchen. Ich nehme mir zuerst eine Wohnung oder nur ein Zimmer und lagere den Rest meiner Sachen ein. Das nimmt den Druck und ich kann in Ruhe die Stadt kennenlernen und die passende Wohnung finden.

Was sind die wichtigsten Punkte bei der Auswahl des neuen Heims?
Der entschiedenste Punkt bei der Wahl ist für mich das Umfeld und die Menschen, mit denen ich in Zukunft zusammen wohnen werde. Alles andere kann ich neugestalten oder anders organisieren. Bei der Wohnung selbst achte ich auf den Schnitt der Zimmer und wie sie zueinander liegen, das ist entscheidender als die reine Quadratmeterzahl. Vor jedem Umzug schaue ich mir ein paar Wochen lang sehr systematisch meinen Alltag an. Dann spiele ich mein Leben in der neuen Wohnung durch und überlege welche Änderungen auf mich zukommen.

Mein Tipp:
Wichtig ist für mich, die Dinge wirklich aufzuschreiben und nicht nur darüber nachzudenken. Auch diffuse Gefühle berücksichtige ich und gehe ihnen auf den Grund. Ich neige dazu, mir etwas im Vorfeld „schön zu reden" und Bedenken weg zu argumentieren, so bin ich so schon in blöde (Wohn-)

Situation geraten. Damit mir das nicht mehr passiert, nutze ich die „cort thinking" Methode von E. de Bono. Sie hilft ausgewogene Entscheidungen zu treffen. Edward de Bono gilt als einer der führenden Lehrer für kreatives Denken. Er hat eine Vielzahl von Techniken entwickelt, die helfen sollen, neue Ideen zu finden und sich aus eingefahrenen Denkmustern zu lösen. (Quelle: wikipedia).

Gestalten Sie ihre Wohnräume oft um? Gibt es z. B. Sommer- und Winterdeko?
Ich liebe jahreszeitliche Dekoration und fühle mich in liebevoll dekorierten Wohnungen an meine Kindheit erinnert. Meine Mutter hat ein echtes Händchen dafür und hat uns als Kinder immer wieder begeistert mit ihren Ostersträuchern, Herbstgestecken und weihnachtlicher Dekoration. Das hat dem Jahr eine Struktur gegeben. Es waren richtige kleine Events, wenn wir alle mitgeschmückt und gebastelt haben. Leider habe ich meistens nicht die Zeit, die Muße und den Stauraum um meine Wohnung jahreszeitlich zu verwandeln. Was bei mir aber nie fehlt, ist ein Adventskranz, sonst komme ich nicht in Weihnachtsstimmung.

Verraten Sie uns Ihren eigenen Wohnstil?
Ich bin ein Fan von Klarheit und brauche Raum und Ordnung um mich herum. Überladene und vollgestellte Wohnungen finde ich sehr anstrengend und zeitraubend. Mein Lieblingsstil ist aktuell der Scandi Look mit seinen hellen Farben und Materialien. Ich kombiniere diese kühle Frische mit Grünpflanzen und setze Akzente mit knalligen Farben. Außerdem liebe ich dunkle Wände. Durch das Spiel mit Schwarz und Weiß kann man Räume optisch völlig neu strukturieren. Bin gespannt, wie sich mein Geschmack zukünftig entwickelt.

Haben Sie einen Lieblingsraum?
Ganz klar die Küche. Für mich ist es der zentrale Raum meiner Wohnung. Hier spielt sich ein Großteil meines Lebens ab. Kreative Arbeit, kochen, mit Freunden erzählen und einen Kaffee trinken, all das mache ich in der Küche. Ich kann eher auf ein Wohnzimmer oder Bad mit Tageslicht verzichten als auf eine geräumige Küche.

Was brauchen Sie unbedingt in der Küche, um sich wohlzufühlen?
Eine Küche muss funktionell und gut organisiert sein. Wichtig ist genügend Platz. Vollgestellte Arbeitsplatten sind für mich ein Graus. Wenn ich erst tausend Dinge aus dem Weg räumen muss, um kochen zu können, vergeht mir schnell die Lust daran.

Wohnräume zu gestalten ist Ihr Beruf. Was ist für Sie das Schönste daran?
Für mich ist es der schönste Moment, wenn meine Klienten verstehen, dass gutes Design mehr ist als nur etwas gut aussehen zu lassen. Es ist toll, mit ihnen gemeinsam ihr Leben, im Zusammenspiel mit ihrer Wohnung, aus einem anderen Blickwinkel zu betrachten. Wenn sie sich so plötzlich Fragen stellen, die sie sich bisher nie gestellt haben und dadurch Lösungen finden, die sie bisher für unmöglich hielten. Wohnungen zeigen Träume, Wünsche und Ziele, aber auch Konflikte und Blockaden. Sie haben das Potenzial, dir zu dem Leben zu verhelfen, das du dir schon immer erträumt hast, oder dir auf den Weg dorthin die größten Steine in den Weg zu legen.

DR. BARBARA PERFAHL:
Sie ist Psychologin und beschäftigt sich seit 2009 beruflich mit dem Einfluss von Räumen auf das Wohlbefinden und der Frage nach guter Raumgestaltung. Sie hat ihren „erlernten" Beruf mit ihrem Lieblingsthema Wohnen verbunden und ihren Traumjob geschaffen. Sie berät Privatpersonen bei der Wohnraumgestaltung sowie Geschäftskunden bei der Büro- und Ladengestaltung. Sie ist Partnerin in einer Home Staging-Agentur und Präsidentin der „Österreichischen Gesellschaft für Home Staging und Redesign". Kreativ arbeitet sie nicht nur beim Einrichten, sondern auch mit Texten – sie schreibt einen Blog und ist zweifache Buchautorin zum Thema Wohnpsychologie.

Was bedeutet Zuhause für Sie?
Zuhause bedeutet für mich Rückzugsort und Kraftquelle. Zuhause bedeutet für mich aber auch die Möglichkeit, mein Umfeld nach Belieben zu gestalten. Das tue ich in meinen Räumen und im Garten sehr gern.

Sind Sie häufig umgezogen?
Ich bin bisher genau dreizehnmal umgezogen. Die Suche nach einer neuen Wohnung oder zuletzt einem Haus war immer gleichzeitig einfach und schwierig. Einfach, weil ich recht klare Kriterien dafür habe, wie eine Wohnung aussehen sollte. Und schwierig, weil Wohnungen die davon abweichen, für mich überhaupt nicht in Frage kommen. Ich weiß, dass mich bestimmte Dinge dann immer stören würden. Je nach Gegend ist es schwierig, eine schöne Wohnung zu finden.

Gibt es Dinge, die Ihnen sofort das Gefühl geben zu Hause zu sein?
Neben ein paar persönlichen Dingen, wie Fotos, Bücher oder die Lieblingstasse, sind es die Dinge, die ich bewusst arrangiere. Das kleine antike Schränkchen mit einer Vase und Blumen darauf. Der Spiegel, in dessen Rahmen eine tolle Postkarte steckt.

Gestalten Sie Ihre Wohnräume oft um?
Ich gestalte seltener um als ich gerne würde. Ich habe das Gefühl, dass ich so viel Zeit in die Gestaltung von Räumen Anderer stecke, dass die eigenen Räume manchmal zu kurz kommen.

Verraten Sie uns Ihren eigenen Wohnstil?
Ich mag es luftig, mit viel Weiß und einem Mix aus sehr alten und neuen Möbeln. Und das Ganze am liebsten im Altbau-Ambiente.

Was brauchen Sie unbedingt im Raum, um sich darin wohlzufühlen?
Alle meine Bücher und den Lesesessel.

Wohnräume zu gestalten ist Ihr Beruf. Was ist für Sie das Schönste daran?
Der kreative Prozess, das Verbinden von Vorhandenem und neuen Elementen. Das Schönste ist der Moment, in dem ein Raum eine andere Ausstrahlung bekommt, weil jedes Ding darin genau am richtigen Ort ist und die Stärken des Raumes zum Vorschein kommen.

ZUM WEITERLESEN

Da Redesign von Wohnräumen in Deutschland ein völlig neues Konzept ist, habe ich hier einige deutsche als auch englischsprachige Bücher aufgelistet, die mich während meiner Arbeit inspiriert haben und die für mich immer wieder tolle Nachschlagwerke sind. Viel Spaß damit.

DEUTSCHE BÜCHER:
Wohnen mit Bildern, Marion Hellweg, Blottner Verlag
Kleine Apartments, Marion Hellweg, Blottner Verlag
Wohlfühlfaktor Farbe, Iris Houghton und Wiebke Rieck, Blottner Verlag
Wohnen maximal, 500 Ideen für kleine Räume, Barty Phillips, Callwey Verlag
Wohlfühlen – Inspiration, Styling, Dekoration, Bonnie Schwartz, Alan Williams, Michael Walters, Clay Ide, Christophorus Verlag
Endlich mehr Platz, Sabine Krämer-Uhl, Dorling Kindersley Verlag
Mein Umzug wird kein Problem! Einpacken, auspacken, einrichten, wohlfühlen, Britta Hebisch, Blottner Verlag
Ein Zuhause für die Seele – in 5 Schritten zum Wohlfühlzuhause, Dr. Barbara Perfahl, Kreuz Verlag

ENGLISCHE BÜCHER:
Rearrange it!, Barbara Jennings
The Art of Redesign, Val Sharp
The great interior Design Challenge Sourcebook – Decorate, Renovate, Innovate, Pavillon Publishing
Interior Design, Chris Grimly and Mimi Love, Rockport Publishing
Styled – Secrets for Arranging Rooms, from Tabletops to Bookshelves, Emily Henderson, Potter Style Publishing
Home Color Bible, David Willis, Collins Design Publishing

KONTAKTDATEN DER AUTORIN:
redesignbuch@blottner.de

WEITERE INFORMATIONEN ZU REDESIGN und Redesign-Ausbildungen unter:
www.dghr-info.de
www.mit-wisser.de

DANKE

Dieses Buch konnte nur durch die Hilfe vieler Kollegen und einiger Menschen aus meinem Umfeld entstehen, denen ich von Herzen für die großzügige Unterstützung danken möchte:

Allen voran, Wiebke Rieck, die mir den größten Teil der wunderschönen Fotobeispiele zur Verfügung gestellt hat und in diesem Buch die Umsetzung eines privaten Redesign Projektes mit uns teilt.
Joseph Johnson, der Räume gestaltet, die schlicht zum Träumen einladen.
Anke Lachmuth, die mich mit den Fotos ihres ersten Projektes so beeindruckt hat, dass ich zwei davon auf diesen Buchtitel bringen musste.
Stefan Knopf, der mir als mein Coach gerade im richtigen Moment zeigte, dass Redesign Räume nicht nur schöner, sondern vor allem auch Menschen deshalb glücklich macht, weil Redesign auf die Bedürfnisse der Bewohner eingeht.
Gabriele Jansen, die mich immer damit beeindruckt, wie sie Redesignprinzipien von Wohnräumen auf gewerbliche Räume überträgt und damit unser Arbeitsleben viel schöner macht.

Barbara Perfahl, die mit ihren Aspekten aus der Wohnpsychologie klar macht, warum Redesign in Wohnräumen so effektiv ist.
Lars Neugebauer für seine Fotos und Inspirationen aus dem „hohen Norden".
Danke sagen möchte ich insbesondere auch Britta Blottner, die wieder enormes Vertrauen in ein Buch über ein in Deutschland noch völlig unbekanntes Thema setzt und mit ihrem Lektorat viele Kapitel viel anwenderfreundlicher gemacht hat.
And last, but not least, all my love to my husband John, who for over 20 years has been standing by my side through all highs and lows, and who believes that the world really, really, really needs to know about Interior Redesign. Thank you for being in my life and being the man you are.

Ohne Euch wäre es nicht möglich gewesen, dieses Buch zu schreiben. Ich sage daher von Herzen DANKE!

IMPRESSUM

BIBLIOGRAPHISCHE INFORMATIONEN DER DEUTSCHEN BIBLIOTHEK

Die Deutsche Bibliothek verzeichnet diese Publikation in der Deutschen Nationalbibliographie; detaillierte bibliographische Daten zu diesem Werk sind im Internet unter http://dnb.ddb.de abrufbar. Das Werk, einschließlich aller seiner Teile, ist urheberrechtlich geschützt. Die Verwertung der Texte und Bilder ist – auch auszugsweise – ohne Zustimmung des Verlages unzulässig und strafbar. Das gilt auch für Vervielfältigungen, Übersetzungen, Mikroverfilmung sowie für die Einspeicherung und Verarbeitung in elektronischen Systemen (einschließlich Internet). Alle in diesem Buch enthaltenen Ratschläge und Informationen (z. B. Produktbeschreibungen, Preis- und Mengenangaben, Berechnungen usw.) sind sorgfältig geprüft. Eine Garantie hierfür kann jedoch nicht übernommen werden. Ausgeschlossen ist auch jegliche Haftung des Verlages bzw. einzelner Autoren und Bearbeiter für Personen-, Sach- und Vermögensschäden, die auf die Nutzung von Inhalten aus dem vorliegenden Werk bezogen werden. Auf die in diesem Buch empfohlenen websites Dritter und deren Inhalte haben wir keinen Einfluss. Deshalb können wir für diese fremden Inhalte auch keine Gewähr oder Haftung übernehmen. Für die Inhalte der verlinkten Seiten ist stets der jeweilige Anbieter oder Betreiber der Seiten verantwortlich.

LEKTORAT

Britta Blottner

GESTALTUNG & SATZ

Sybille Naderer, naderer communication, Tragwein

DRUCK

Appl, aprinta druck, Wemding

© 2. Auflage 2021, Blottner Verlag e.K.,
D-65232 Taunusstein
E-Mail: blottner@blottner.de / URL: www.blottner.de
ISBN 978-3-89367-152-6 / Printed in Germany

BILDNACHWEIS

stephan lucius lemke (stephanlemke.com) für Anke Lachmuth: 3, 11, 19, 40, 41, 131 (1. Bild und 4. Bild), 133, 141, & Titel: oben links und unten rechts
Iris Houghton:
20 Mitte und unten, 26 oben und Mitte oben, 43-45, 49 (nur 2. Reihe), 51 (unten), 52-53, 55, 58-59 (außer oben rechts), 63 (oben), 69, 73, 76 (oben), 77 (unten), 78, 83, 90, 101 (links), 103 (unten), 105 (unten), 106 (oben), 108, 111 (links), 125 (Mitte und unten), 126 (oben), 130 (Seite unten), 138, 139 (links oben), 149, 151 (links), 154 (links oben), 156, 160 (unten), 162-163, 165, 169, 173, 179-180 (unten), 194 (unten rechts und links)
Picture People Frankfurt & Bochum:
7-8, 12, 33, 35, 66, 70-71, 82, 115, 117-118 (unten), 124, 127 (rechts oben), 128, 130 (unten), 145, 148, 152 (unten)
Lars Neugebauer:
Seite 26 (Mitte unten und unten), 87 Mitte
Wiebke Rieck:
20 oben, 21-25, 29-32, 36-37, 39, 47-49 (außer 2. Reihe), 50-51 (obere Reihe), 56-57, 59 (nur oben rechts), 60-61, 63 (unten), 65 (2. und 4. Foto), 67-68, 75-76 (Mitte und unten), 77 (oben), 79 (unten), 84 (links), 86-87 (oben und unten), 88, 92 (oben), 94-95, 97, 101 (rechts und unten), 102 (unten), 104 (unten), 105 (oben), 106 (unten), 107 (oben links), 109-110, 113, 116, 118 (oben), 119-123, 125 (oben), 126 (unten), 127 (links oben), 130 (oben und Seite), 131 (2., 3., 4. Bild – von oben nach unten), 134-136 (Mitte und unten), 137, (unten), 139 (unten), 140, 142-144, 146-147, 150, (rechts), 150 (oben), 151-152 (rechts oben, unten), 153, 157-158 (oben), 159 (links), 165, 166-167, 170, 172, 176-178, 180-189 (Fallbeispiel), Umschlag-Rückseite Bilder oben.
Joseph Johnson:
73, 81, 84 (rechts), 100 (rechts), 107 (oben rechts), 111 (rechts), 127 (unten), 137 (oben rechts), 139 (oben rechts), 161 (rechts), 168, 171, 173-175, 180 (oben) und Titel: Oben rechts und unten links
Iris Barwa: 65, Fotos 3 & 4 (unten), **Christiane Gürke:** 81 (oben), **Ute Kirchhof,** 136 (oben links und rechts), **Ilona Feldmann:** 137 (oben links), **Stefan Knopf:** 204
Tilo Pentzin: 190, **Ella Jardim:** 191, **Annie Spratt:** 194 (oben links), **Beazy Entte:** 192 (unten links), 202 (links), **Annette Hogan:** 191 (unten rechts), **Crew:** 194 (oben rechts), **Slava Keyzman:** 196 (oben), **Hutomo Abrianto:** 196 (unten), **Milada Vigerova:** 199, **James Mcdonald:** 200 (rechts), **Natural Goods Berlin:** 200 (links), **Domenico Ioia:** 201 (oben), **Catherina Schurman:** 201 (unten), **Joyde Maccown:** 202 (rechts), **Alisa Anton:** 203, **Barbara Perfahl:** 206, **Farbkreise:** 93 Shutterstock, 99 Iris Houghton, 100, 102, 103, 104 FARBRAD Wohlfühlfaktor Farbe, Blottner Verlag
Ampel: 18 Istockphoto